HORÓSCOPO
2024
ÁRIES

Alina A. Rubi e Angeline Rubi

Publicado de forma independente

Todos os direitos reservados © 2024
Astrólogos: Alina A. Rubi e Angeline Rubi

Montagem: Alina A. Rubi e Angeline A. Rubi
rubiediciones29@gmail.com

Quem é Áries?

Datas*: 21 de março - 19 de abril*

Dia*: Terça-feira*

Cor*: vermelho*

Elemento*: Fogo*

Compatibilidade*: Leão, Balança, Sagitário e Aquário*

Símbolo*:* ♈

Modalidade*: Cardinal*

Polaridade*: Macho*

Planeta regente*: Marte*

Casa*: 1*

Metal*: Ferro, aço*

Quartzo*: Jaspe vermelho, Rubi*

Constelação*: Áries*

Personalidade de Áries

O signo de Áries é o primeiro do zodíaco, são as pessoas que projetam sempre o futuro, mas tendo em conta as experiências do passado.

As pessoas com uma elevada concentração da energia de Áries no seu mapa astral são activas e enérgicas. Estão sempre em movimento, são muito independentes e são líderes por excelência.

Gostam de tomar a iniciativa e de competir com os outros para testar as suas capacidades. Mostram frequentemente a sua competência em emergências, pois é aí que podem testar as suas energias.

Áries não faz rodeios, vai direto ao assunto e tem uma vontade firme de correr riscos com muita coragem, pois tem muita autoconfiança.

As dificuldades não existem para eles e estão sempre cheios de otimismo perante qualquer desafio que a vida lhes coloca; estão motivados para explorar territórios desconhecidos e começar projetos do zero, embora normalmente percam a motivação assim que a primeira fase termina.

Precisam de objetivos para investir as suas energias, embora não sejam persistentes. A sua agressividade é uma das características que os ajuda em algumas situações, mas noutras aniquila-os porque os cegos. Partilham o otimismo e o entusiasmo característicos dos outros signos de fogo: Leão e Sagitário.

São considerados o signo mais enérgico do zodíaco, sempre prontos a lutar contra qualquer obstáculo que se interponha no seu caminho, não se agarram ao passado, nem ficam com a cabeça quente a pensar em coisas que não têm solução.

As suas características positivas mais marcantes são a alegria, o otimismo, a autonomia, a força, a iniciativa e o altruísmo.

A teimosia é uma das suas fraquezas, não são fáceis de convencer, mesmo que se lhes mostre, são muito persistentes. Quando entram neste estado, tornam-se inflexíveis e egocêntricos. Se alguma coisa, ou alguém, se atravessa no seu caminho e desperta suspeitas ou os incomoda, mudam imediatamente de humor e não cedem facilmente.

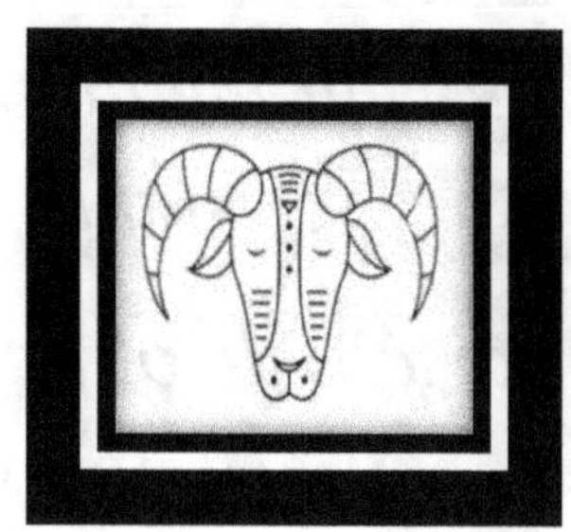

Horóscopo geral para Áries

O ano passado foi desafiante e emocionante. Nunca houve um momento monótono. A vida parecia agitada e delirante. À superfície parecia uma loucura, mas por baixo havia uma agenda espiritual profunda a decorrer. Foi, e está a ser, libertado de todo o tipo de escravidão.

As previsões para Áries em 2024 indicam que a primeira metade do ano será cheia de sorte, amor e crescimento. Mas na segunda metade do ano, pode haver problemas de saúde, negócios, vida amorosa, trabalho e muito mais.

Este ano de 2024 poderá ter alguns problemas de saúde e altos e baixos na sua situação económica, mas basicamente a sua saúde será a principal preocupação.

Os altos e baixos também podem ser vistos na sua vida amorosa, tente manter o respeito nos seus relacionamentos.

O planeta Mercúrio torna-se direto na primeira semana de janeiro, e esta mudança cósmica enfatiza a sua vida social ao longo do ano. Este ano recebe o que precisa para prosperar, tente estar atento a todas as oportunidades.

Áries, este ano de 2024 tem de tentar ser coerente com o seu trabalho e dedicação. Se está a trabalhar num projeto há muito tempo ou se colocou as suas energias nele com entusiasmo, o destino vai virar as coisas a seu favor. O céu vai derramar uma avalanche de positividade e de sucesso na sua vida.

As influências planetárias aproximá-lo-ão ainda mais do amor da sua vida, se não tiver um parceiro. O seu horóscopo de 2024 mostra que este ano partilhará uma relação romântica agradável com um parceiro. Poderá haver alguns mal-entendidos e pequenos conflitos, mas a experiência geral será de felicidade absoluta.

Os seus laços familiares serão satisfatórios. Terá a oportunidade de contar com a sua família e amigos em todas as circunstâncias. Haverá sempre desacordos e diferenças de opinião com as pessoas que o rodeiam, mas não se detetam surpresas desagradáveis no seu horóscopo de 2024.

Espere algumas mudanças na sua profissão, mas terá trabalho e dinheiro, as coisas mais importantes neste período de recessão. Será apaixonado e ambicioso em tudo o que fizer. A monotonia não estará presente na sua vida e ela será tão excitante e sumptuosa quanto desejar e conseguir visualizar. A única sugestão é que trabalhe arduamente e aproveite ao máximo todas as oportunidades privilegiadas que lhe surgirão ao longo do ano.

Nunca se deve agir por impulso, pois isso pode arruinar as suas hipóteses de sucesso.

Amor

É preciso aprender a partilhar sem sufocar, essa será a chave maravilhosa que abrirá as portas do coração do seu parceiro sentimental, ou daquela pessoa que deseja conquistar.

Se não tiver uma ligação sólida com o seu parceiro, cada período de Lua cheia motivá-lo-á a reavaliar as prioridades da sua relação e poderá ter de fazer várias mudanças para melhor. Envolver-se-á mais se *fizer as escolhas certas, ou poderá afastar-se se não acreditar que a relação tem futuro. Por outro lado, há algumas relações e ligações que definitivamente já não são boas para si, e será forçado a deixá-las ou, pelo menos, a não lhes dedicar tanto tempo e energia.*

O ano termina com uma nota frágil para si com Marte, o seu planeta regente, retrógrado a 6 de dezembro de 2024, na sua área do amor.

O final de 2024 será um período difícil para o amor e terá dificuldade em gerir as suas relações amorosas, uma vez que os problemas antigos regressam e poderá ter lutas constantes com os seus entes queridos.

Tente ser mais compreensivo, paciente e ter uma saída saudável para as suas frustrações.

Economia

Úrano permanecerá no seu sector financeiro durante todo o ano, continuando a fazer mudanças na forma como gere o seu dinheiro, ganha dinheiro e gasta dinheiro.

Tente procurar oportunidades financeiras e faça tudo o que estiver ao seu alcance para assimilar esta energia desafiante.

Pode querer transformar um passatempo em algo rentável ou começar um segundo emprego para ganhar dinheiro extra. Isto pode ajudá-lo a aliviar algumas das dificuldades e a pagar algumas dívidas.

Obterá ganhos financeiros com investimentos no mercado de ações. Investirá em projetos empresariais, como a compra de uma casa ou de um terreno para construir uma casa, e pagará um empréstimo.

As previsões económicas para o ano de 2024 indicam que obterá ganhos com imóveis ou propriedades.

Os outros vão vê-lo como mais autoconfiante e podem confiar-lhe mais responsabilidades. Talvez lhe deem o controlo de um projeto.

É um excelente ano para se candidatar a um emprego melhor, mesmo que exija mais qualificações profissionais.

Há alguns períodos do ano em que se preveem mudanças, perdas ou contratempos que o levarão a considerar novas estratégias para o seu futuro. Estas situações adversas estarão fora do seu controlo e responderão às condições económicas gerais.

O ano de 2024 termina com uma Lua Nova a 30 de dezembro na sua área profissional, e esta Lua ajudá-lo-á a entrar no caminho certo para 2025.

Estabeleça novos objetivos e procure ansiosamente oportunidades para tornar o próximo ano espetacular.

Família

Poderá passar mais tempo em casa, tentando fazer com que a sua vida familiar funcione, e este poderá ser um ano para renovar a casa, ou poderá decidir mudar-se.

Aproveite os períodos de Lua Nova para melhorar a sua vida doméstica ou passar mais tempo em casa ou em locais que lhe pareçam familiares. Poderá ter a oportunidade de fazer algo com a sua família ou com alguém que considere familiar, o que pode ser emocionante.

terá estabilidade financeira na família. De facto, se poupar e planear com antecedência, os seus recursos contribuirão para a felicidade da sua família. Terá a oportunidade de fazer novos amigos e talvez haja uma adição à sua família através de um nascimento ou casamento depois de março de 2024.

Preocupações com a alimentação, perturbações do sono devido à carga de trabalho, tudo isto pode causar muita ansiedade.

Áries Saúde

Duvidar da vossa poderosa energia seria um erro, mas isso é um problema porque pensam que não têm limites e essa forma de pensar leva-vos sempre a abusar dela. Abusam das vossas potencialidades físicas como se fossem Hércules, e não um simples mortal.

A realidade é que tanto o corpo como a mente precisam de descanso e de cuidados para funcionarem de forma ótima.

Terá alguns problemas de saúde importantes na sua vida, não só a nível físico, mas também a nível mental. Neste ano de 2024, deve cuidar da sua saúde, pois muitos obstáculos cruzarão o seu caminho.

Pode não se tratar de uma lesão ou perturbação física, mas a sua saúde mental estará no auge e ser-lhe-á difícil lidar mentalmente com as coisas da sua vida.

Terá grandes desafios e sentir-se-á frustrado a tal ponto que será difícil ultrapassá-los.

É preciso trazer a paz para a sua vida, manter os problemas de raiva de lado e fazer tudo o que puder para reduzir o stress.

Deve evitar as pessoas tóxicas que lhe causam stress e levar uma vida saudável. Se tem o hábito de fumar e beber, deve deixar de o fazer.

Praticar ioga e exercícios para ter paz de espírito. Terá de fazer estas coisas de forma consistente ao longo do ano para reduzir o stress e evitar problemas de saúde crónicos.

Datas importantes

- **Mercúrio retrógrado em Áries de 1 a 25 de abril** *e um* **eclipse solar em Áries a 8 de abril.** *Mercúrio retrógrado no seu signo pode ser um período frustrante, em que pequenos inconvenientes surgem do nada, e você pode ficar constantemente irritado. Deve ser mais paciente em geral e tentar preparar-se antes que aconteça, tirando pequenas pedras do caminho para que não pareçam um problema.*

- **A Lua cheia ocorre em Áries a 17 de outubro,** *e este pode ser um período emocionalmente carregado, mas também um período de resultados. Estará mais em sintonia com as suas emoções e mais disposto a mostrá-las.*

- **Marte, o seu planeta regente, torna-se retrógrado a 6 de dezembro e termina o ano retrógrado.** *Isto tem um impacto adicional para si porque Marte é o seu planeta* *regente e, sempre que Marte está retrógrado, pode sentir-se lento. Deve ser gentil consigo próprio e não deixar que as frustrações o levem ao desespero. Dê alguma flexibilidade aos seus planos. Isto continua no novo ano, pois Marte estará retrógrado até 23 de fevereiro de 2025.*

Horóscopo mensal para Áries 2024

janeiro de 2024

Este mês pode sentir-se atormentado por dúvidas e mais do que uma vez será confrontado com a difícil tarefa de escolher entre duas ou mais opções. É provável que uma das razões para as suas dúvidas interiores seja o facto de dar tanto valor à opinião das pessoas que o rodeiam.

Este trânsito também conduz a questões relacionadas com documentos, justiça ou papelada em geral. Se se encontrar a lidar com algo de natureza legal ou burocrática, encontrará uma solução rápida. Se iniciar um processo judicial, é provável que resolva o seu litígio com relativa facilidade.

As pessoas à sua volta vão comentar que está mais atraente. Isto deve-se ao seu interesse em melhorar a sua aparência pessoal, o que o levará a embelezar-se mudando o seu corte de cabelo, estilo pessoal e vestuário. Há uma grande tendência para aperfeiçoar a sua personalidade e cuidar do seu corpo físico. No que diz respeito à saúde, é necessário cuidar dos rins e das glândulas que eliminam as toxinas.

Apesar do seu desejo de equilíbrio e harmonia, o destino colocará no seu caminho pessoas impulsivas e autoritárias com as quais terá de lidar. Uma delas pode ser o seu próprio parceiro ou um parceiro, se o tiver, que tende a tornar-se muito dominante e exigente, o que criará conflitos e lutas.

Pode amar o seu parceiro, mas nem sempre é capaz de lhe dedicar tanto tempo quanto ele deseja. Este é um mês para sacrificar as obrigações profissionais ou familiares a fim de dedicar mais tempo ao amor. Planeie um jantar especial num local exclusivo ou uma noite romântica. O futuro imediato parece ser muito prometedor. A atenção ao seu sector profissional sugere que terá mais ofertas de emprego, mais trabalho e oportunidades de sucesso.

Este poderá ser um mês de sorte, quando se aperceber que foi bem-sucedido numa entrevista e lhe for oferecido o emprego dos seus sonhos.

As pessoas que estão a fazer um tratamento médico devem tomar os seus medicamentos, casos contrários não vão melhorar, uma *vez que Marte em Peixes vai baixar as suas defesas.*

Devem aprender a controlar a ansiedade e a privilegiar a concentração, pois existe um risco elevado de cometer erros.

Números da sorte
3 - 6 - 9 - 11 - 13

fevereiro de 2024

Tente não atormentar ninguém porque, devido às energias do mês, será você a receber o tormento dos outros. Se lhes der o mínimo espaço, eles ocuparão todo o seu terreno. É preciso pôr os pés bem assentes no chão para que não o pisem.

Os documentos legais relacionados com a sua empresa ou com a imigração poderão ter de ser revistos este mês. Poderá ter muitos documentos para organizar. Não se impaciente, procure alguém mais familiarizado ou profissional e tente que lhe expliquem tudo.

O amor pode parecer uma rosa, bonita, mas com espinhos que o podem magoar. Tenha cuidado para não se colocar numa posição em que possa ser magoado desnecessariamente. A melhor coisa que pode fazer é evitar as armadilhas do amor enquanto aprecia a sua beleza.

Não faz sentido ficar zangado com as pessoas que se opõem a si e tentar lutar com elas. Não será capaz de as derrotar, por isso, o melhor a fazer é juntar-se a elas. É altura de fazer as pazes e encontrar as semelhanças e não as diferenças.

Este mês tem em mãos uma situação única no que respeita às suas dívidas e ao dinheiro de outras pessoas. Há uma parte de si que quer progredir e pagar as dívidas, mas outra parte pode impedi-lo de agir. Lembre-se que ter uma atitude pró-ativa e aceitar todas as suas responsabilidades oferece-lhe os melhores resultados a curto e a longo prazo.

Algo tem de acontecer, e provavelmente acontecerá. Só tens de dar o último passo. Não tenha medo de usar o seu charme e determinação. Está muito mais perto do que pensa. Trabalhou arduamente para chegar onde está, este mês é o momento de completar este objetivo.

É também um bom mês para explorar tratamentos que relaxam o seu corpo e melhoram o seu humor. Uma massagem com óleos essenciais pode ser uma experiência divinal e, se se sentir exausto, vai fazer-lhe bem.

Números da sorte

8 - 15 - 18 - 24 - 36

março de 2024

Encontra-se num período da sua vida cheio de promessas e possibilidades em relação ao amor. Este mês poderá sentir os primeiros sinais desta nova energia, por isso, porque não fazer algo diferente para celebrar? Quanto mais aproveitar estes momentos, maiores serão as recompensas que irá colher.

Este mês, considere fazer um investimento de tempo, energia e talvez um pouco de dinheiro num projeto criativo. Este projeto poderá também envolver tecnologia moderna, inteligência artificial? Poderá ter vários colegas que desejem trabalhar consigo neste projeto e, por isso, todo o plano se revelará muito excitante.

Tente não perder de vista os pormenores práticos envolvidos ou nunca conseguirá começar. O poder é seu. Algumas pessoas virão ter consigo para obter respostas e você dá-las-á por um preço. Podem surgir tensões entre o seu tempo livre e a sua imagem. Alguma pressão na sua área de viagens profissionais e de educação indica que estará a pensar onde poderá reforçar as suas competências e capacidades.

Haverá uma tendência para o enfraquecimento do seu organismo, falta de vitalidade e fadiga geral. Não deve descurar a sua alimentação durante este mês, a fim de evitar qualquer propensão para contrair doenças. Mantenha o seu espírito positivo e evite as tendências hipocondríacas.

Os seus rendimentos económicos dependerão de uma parceria, de um contrato ou do seu cônjuge. Sentir-se-á mais confiante e seguro ao trabalhar num projeto conjunto com alguém próximo e de confiança. É provável que receba o apoio financeiro de que necessita, mas tenha cuidado com os contratos que assina. Existe a possibilidade de se ver envolvido em algum tipo de litígio. Os rendimentos do seu parceiro ajudarão à sua estabilidade. Há perigo de acidentes ou problemas em viagens curtas. Deverá ser prudente com os compromissos e contratos que assumir durante este mês. Além disso, algumas relações por correspondência ou redes sociais podem terminar.

Vai experimentar uma transformação e mudanças profundas na sua casa. A sua relação com os seus componentes será diferente e desenvolverá comportamentos mais autoritários. Opor-se-á a qualquer tipo de manipulação e responderá de forma agressiva às limitações à sua própria liberdade. É provável que ocorram ruturas, separações ou perdas familiares.

Números da sorte
 3 - 14 - 18 - 22 - 27

abril de 2024

Durante este mês, terá mudanças de humor muito frequentes e rápidas. Por vezes, conseguirá adaptar-se facilmente às exigências do seu ambiente, mas, mais tarde, qualquer pequena coisa poderá incomodá-lo. Isto dificultar-lhe-á a participação em atividades de grupo, no seu trabalho e também com a sua família. Isto dificultar-lhe-á a participação em atividades de grupo, no seu trabalho e também com a sua família. Será muito suscetível e a sua sensibilidade será exagerada, o que o levará a irritar-se facilmente.

Não será muito lógico, nem coerente com as suas decisões, porque o seu mundo emocional desempenhará o papel principal. Os seus julgamentos podem basear-se no estado de espírito do momento e não no seu raciocínio, o que o levará a questionar a razão das suas decisões.

Se tiver de fazer uma mudança importante na sua vida, terá de refletir várias vezes antes de tomar a decisão final.

A nível psicológico, terá de enfrentar problemas ou recordações que vêm da sua infância e começará a compreender a incidência destes na sua vida adulta. Terá de analisar os seus comportamentos infantis ou compulsivos. Se estiver a fazer terapia, beneficiará muito com ela.

A sua mente pode estar sobrecarregada por situações stressantes ou por mudanças totais à sua volta. Modificará a sua maneira de pensar e libertar-se-á de tabus ou outros pensamentos repressivos que possam existir dentro de si. As suas ideias não serão totalmente compreendidas ou aceites pelas pessoas que o rodeiam e provocarão desacordos e mudanças no seu nível de comunicação.

A sua vida social será gratificante. Partilhará muitos momentos divertidos e felizes com os seus amigos. A sua popularidade aumentará e o seu mundo social expandir-se-á. Desenvolverá muitos projetos novos, que melhorarão o seu futuro. É possível que uma amizade se transforme em romance.

Se tiver filhos, estabelecerá uma relação mais próxima e de amizade com eles.

Alguns problemas de saúde vividos no seu passado terão tendência a aparecer de novo. É conveniente que trabalhe os seus hábitos e costumes, descartando aqueles que podem complicar a sua saúde. É conveniente que preste muita atenção à sua alimentação e à higiene do seu corpo. Esta indicação astrológica leva-o a sofrer de doenças crónicas que, se forem graves, poderão levá-lo a ser hospitalizado ou limitar a sua liberdade.

Números da sorte

3 - 12 - 19 - 23 - 34

maio de 2024

A sua situação profissional tenderá a melhorar e a tornar-se mais agradável. A sua relação com os seus colegas de trabalho, subordinados e chefes será mais harmoniosa e feliz. Vai gostar do seu trabalho e terá mais benefícios ao longo do mês; haverá melhorias no seu salário.

A sua saúde será boa e poderá recuperar de qualquer mal-estar que esteja a sofrer. No entanto, existe uma grande tendência para cair facilmente em *excessos, o que pode alterar o equilíbrio obtido. Tenha cuidado com a sua alimentação, sobretudo com a quantidade que ingere. Evite gorduras, fritos e outros alimentos que possam afetar o fígado. Evite também os doces e o açúcar, pois pode ganhar peso facilmente neste mês.*

As suas esperanças e desejos de encontrar satisfação e felicidade no seu mundo do amor vão aumentar. Se já tem um parceiro, então a relação será de companheirismo. Se não tiver um parceiro, é provável que conheça uma pessoa através de uma apresentação de amigos ou numa reunião social.

Novas oportunidades na sua vida e conhecer uma mulher que partilha interesses comuns consigo. É uma pessoa carismática que goza de grande reconhecimento social graças à sua profissão. Deverá entrar na sua vida de forma inesperada no final do mês. Esta pessoa poderá ter uma verdadeira influência na sua vida e levá-lo a enveredar por um novo caminho.

Este mês abre-se uma porta na sua vida. Uma porta cuja existência desconhecia até agora. Esta porta é um novo caminho que o guiará para um percurso mais feliz. Encontrará a origem desta porta mergulhando no seu passado. O que irá experimentar será uma viagem ao passado. Será imerso num acontecimento que talvez abale o resto da sua vida.

Sentirá emoções muito intensas e profundas que emergirão do mais íntimo da sua psique. É provável que não tenha um controlo total sobre si próprio e que os seus sentimentos o levem a agir de forma extrema. Se tiver uma relação afetiva estável, viverá cenas de ciúme, de luta pelo poder ou de manipulação em conjunto. Se não tiver um parceiro, é provável que durante este período inicie uma relação intensa e irresistível, com emoções que nunca experimentou antes.

Números da sorte

1 - 9 - 11 - 30 - 32

junho de 2024

Poderão surgir problemas e mal-entendidos confusos na sua área de trabalho. A sua relação com os seus chefes e colegas de trabalho tenderá a ser difícil, porque não lhe será fácil seguir ou compreender ordens demasiado práticas ou limitativas.

Também haverá o problema da inveja, dos mexericos, dos mexericos ou da desonestidade no seu ambiente de trabalho. Ficará desiludido com algumas pessoas e talvez com o próprio trabalho, mas terá de meditar mais do que uma vez sobre qualquer mudança possível, para evitar erros na sua decisão.

Deve ter cuidado com a sua saúde. Há uma tendência para certos distúrbios na sua alimentação que podem causar intoxicações, especialmente no que respeita às bebidas, e também a possibilidade de sofrer de doenças difíceis de diagnosticar. Estas estarão associadas aos seus problemas emocionais e isso, por sua vez, pode provocar um diagnóstico errado. Evite tomar medicamentos se a sua doença não for clara e precisa. Procure soluções naturais para não contaminar o seu organismo. Além disso, os vícios terão tendência a aumentar durante este período, pelo que se recomenda moderação.

Tomará consciência de muitas coisas que estavam no seu subconsciente e adotará uma nova atitude perante a vida. O seu poder de perceção será maior e interessar-se-á por assuntos que encerram um certo mistério.

Durante este mês, poderá receber heranças ou legados de uma forma surpreendente e inesperada. Podem também surgir problemas súbitos em qualquer processo judicial. Se estiver a passar por um processo de divórcio, este poderá causar-lhe perdas financeiras ou surpresas desagradáveis.

Além disso, haverá o perigo de acidentes devido à velocidade ou à eletricidade. Seja prudente e evite conduzir depressa quando estiver nervoso ou com pressa.

Poderá ficar insatisfeito com as suas realizações profissionais e, como consequência, fará mudanças na sua vida profissional. Estas mudanças podem ser impulsivas ou inconscientes, o que poderá levar a arrependimentos futuros. Tente ser racional e moderar os seus impulsos.

Pode receber críticas duras ou mexericos sobre o seu desempenho profissional. Estes comentários provêm frequentemente de mulheres ou familiares.

Números da sorte
7 - 10 - 20 - 32 - 36

julho de 2024

Deixe definitivamente de lado os conflitos, este é um bom mês para começar a trilhar um caminho de paz no casal. No trabalho podem surgir novas propostas ou ideias, não se deixe intimidar e tente sem apostar tudo. O caminho para a felicidade está repleto de bons momentos que muitas vezes se perdem a pensar no futuro, programando os seus passos e avaliando custos e proveitos.

Surgirá uma grande oportunidade financeira que lhe permitirá aumentar o seu património se agir com lucidez sobre os seus verdadeiros objetivos.

Embora os que têm parceiros durante este mês corram o risco de sofrer uma rutura por causa de terceiros, em condições gerais desfrutarão da calma do lar.

É preciso prestar a atenção necessária, estar no presente, para poder aproveitar as coincidências, esses milagres inesperados, essas coincidências que alguns chamam de sincrodestino e outros, simplesmente, de boa sorte. Utilize a Lei da Atração para recriar o seu destino, dia após dia, para conseguir o dinheiro e a felicidade de que necessita.

Este período que estás a atravessar exige uma mudança, concretiza-a com a transmutação do teu interior, conhecendo-te melhor e compreendendo que a procura do autoconhecimento é a chave fundamental para o teu sucesso.

O seu desempenho no trabalho pode diminuir durante este mês. Tente não negligenciar as suas responsabilidades e seja mais eficiente. É provável que surja alguma inveja ou inimizade entre os seus colegas de trabalho.

Sentirá um grande desejo de ultrapassar os seus próprios limites, tanto mentais como físicos. Por um lado, procurará aumentar os seus conhecimentos e poderá empreender estudos ou atividades intelectuais que sempre o interessaram. Por outro lado, sentirá um grande desejo de viajar para o estrangeiro.

Se está a planear uma viagem, este é o mês para procurar a data e fazer todos os planos relativos à realização dessa viagem. Se está a planear viver noutro país, esta é a altura certa para partir.

Números da sorte
8 - 16 - 19 - 21 - 26

agosto de 2024

Durante este mês, as suas possibilidades de ganhar dinheiro através do seu próprio esforço são maiores. Deve confiar nas suas ideias e palpites sobre onde e como investir dinheiro. Este é um período de sucesso financeiro. A sua casa e a sua família serão objeto de uma grande preocupação. Procurará alcançar a estabilidade que sempre desejou e investirá em conformidade. A sua vida tenderá a ser sedentária durante este período, criando raízes no seu local de residência atual. O contacto com os seus pais será mais intenso e o seu desejo de conhecer em profundidade a história da sua própria família aumentará.

Pode entrar em confrontos ou brigas com os seus amigos devido a atitudes egoístas ou agressivas. Tente não perder a paciência facilmente, mas também não tente impor as suas ideias. Sentir-se-á melhor a partilhar uma atividade física ou um desporto com os seus amigos do que a tentar concordar com as suas opiniões.

Se participar em qualquer atividade de grupo, é provável que também experimente situações de tensão e de desacordo; pode facilmente ficar ressentido ou pode dar por si a ser atacado por outros membros do mesmo grupo.

Sentirá uma corrente de esperança e de energia para realizar os desejos da sua vida. Agirá com firmeza e a sua atitude firme será projetada com grande poder de convicção para os outros; como consequência, poderá tornar-se um líder do grupo.

Tente não levar os seus problemas de trabalho para casa. Coma alimentos naturais e cuide da sua saúde, pois este mês o seu sistema digestivo está em risco.

O stress pode afetá-la, mas também podem surgir algumas surpresas agradáveis, tenha cuidado se não quiser encomendar um bebé.

Não desperdice a sua força em coisas desnecessárias. Em vez de criticar, odiar, vingar-se e amaldiçoar, lembre-se de que essas energias são mais bem investidas na busca do sucesso.

Alcançar a estabilidade em qualquer situação será mais difícil do que pensa. Pode achar que a melhor maneira de criar equilíbrio no seu local de trabalho é levar as coisas ao extremo. Só conhecendo os dois lados da moeda é que será capaz de alcançar o equilíbrio.

Números da sorte
6 - 15 - 16 - 17 - 18

setembro de 2024

Período muito bom para desfrutar do amor e para planear acordos que consolidem o seu futuro. Os solteiros levarão no coração a lembrança inútil de um amor passado que provocará um desgaste emocional que continuará a afetá-los e não lhes permitirá ver mais além.

A energia mal utilizada prejudica-nos mais do que a quem a dirigimos. O trabalho consistente e a cumplicidade atraem a sorte por si só, gerando maiores lucros e crescimento rápido do que o duro e triste caminho emprestado, onde reina a escuridão e não há objetivos reais, muito menos guias ou inspiração. Não desperdiceis os vossos dias na busca de sonhos emprestados e amores estranhos à vossa idiossincrasia.

Um objetivo importante relacionado com os negócios ou as finanças exige que lhe preste muita atenção. É provável que passe a maior parte do mês a trabalhar nesse objetivo, uma vez que existe um prazo. No entanto, deve ter cuidado para não se deixar levar pela busca da perfeição e deixar-se stressar.

Por vezes, a atenção insistente pode sabotar o próprio objetivo para o qual se está a trabalhar. Mantenha-se concentrado enquanto trabalha ao seu próprio ritmo.

Embora seja ótimo ter uma boa aparência exterior, pode ter uma determinação renovada em seguir práticas de saúde e planos alimentares que o possam rejuvenescer de dentro para fora. Se seguir este caminho, pode ter aquele brilho especial que indica uma boa saúde radiante. Se é isto que procura, pode ser uma boa ideia juntar-se a alguém que o possa aconselhar e ajudar a manter-se no caminho certo.

O Universo está a pressioná-lo a tomar algumas decisões que tem vindo a adiar há algum tempo. Se tem andado a querer mudar de carreira, é altura de o fazer.

Se se sentir desafiado, respire fundo e refreie os seus impulsos de reação. O melhor é ser paciente consigo próprio e, este mês, é exatamente de paciência e tolerância que precisa para ultrapassar qualquer situação. Lembre-se de pensar antes e agir depois.

Números da sorte
2 - 9 - 10 - 13 - 17

outubro de 2024

Alguns romances nunca chegam a acontecer porque ambas as partes são tímidas e têm medo de expressar os seus sentimentos. Se acha que isto se aplica a si, este mês pode ser uma boa altura para dar a conhecer os seus sentimentos. Embora ser sensível possa ser assustador, pode arrepender-se mais se ficar calado.

Trabalhar em casa será a solução para si este mês. Sentirá cansaço físico e mental. Talvez possa funcionar melhor no seu próprio ambiente durante este período, sem ter de se debater com problemas de trânsito e de estacionamento. Tem tendência para ser muito consciencioso no que diz respeito ao trabalho, o que por vezes o prejudica.

Receberá notícias relacionadas com o local onde trabalha ou com as pessoas com quem trabalha. Estas notícias podem causar algumas dúvidas sobre o seu futuro nesse local. Poderá sentir que não está a chegar a lado nenhum. Poderá estar a pensar em mudar de emprego ou mesmo de carreira. Alguém pode propor-lhe um tipo de oportunidade que nunca considerou antes. Pense nisso, mas não tome nenhuma decisão até ao próximo mês.

Este mês, certos aspetos afetam a sua área do dinheiro. Esta área da sua vida está a ser afetada e poderá ser forçada a concentrar-se, quase contra a sua vontade. As suas poupanças e os seus ganhos serão objeto de um exame microscópico. Poderá ter de encontrar formas de fazer as coisas melhor.

Está a ficar confuso. Tem uma noção preconcebida das coisas, uma visão da sua própria perspetiva, que é muito limitada. Isto deixa-o em grande desvantagem no que diz respeito à comunicação e à dinâmica geral do local de trabalho. Abra os olhos.

Tirar partido da fraqueza de outra pessoa. No trabalho, alguém está a debater-se. Está a ter dificuldade em terminar uma tarefa ou em comunicar com outra pessoa. Esta é uma oportunidade para tomar as rédeas da situação nas suas próprias mãos e mostrar que é capaz de assumir o controlo.

O magnetismo da sua aura será mais intenso do que o habitual. As pessoas que entrarem em contacto consigo ficarão tão cativadas pela sua presença que poderá praticamente controlá-las. O poder que exerce sobre os outros é mais forte do que pensa. Use-o com sabedoria.

Números da sorte
14 - 19 - 26 - 33 - 35

novembro de 2024

O sucesso está à sua espera, basta seguir em frente e visualizar o objetivo que quer alcançar, não parar por nada no mundo no caminho que está a percorrer, quase pode saborear os frutos do seu trabalho, só tem de se aplicar um pouco mais e vai consegui-lo.

Se alguém lhe der um conselho muito bom sobre um assunto que está a ter dificuldade em tratar no seu trabalho, lembre-se de que isso é algo muito proveitoso para si, pelo que deve agradecer-lhe.

Se está desempregado, tem possibilidades de encontrar o emprego que deseja há muito tempo, mas deve dedicar tempo e esforço para o conseguir, não deixe de analisar as possibilidades que tem à sua volta, está num momento perfeito para regressar à vida ativa.

Os seus erros acumulam-se e não se apercebeu de que se devem a um excesso de passividade da sua parte.

Este mês a sua situação vai tornar-se crítica. É altura de acordar e começar a trabalhar. As decisões firmes e oportunas que são necessárias estão na sua mente. Tudo o que precisa de fazer está dentro das suas capacidades.

Descobrirá algo de suspeito no comportamento do seu parceiro. Terá, aliás, provas de que algo não está bem. Pode ser uma mensagem ou algo nas redes sociais. Será suficiente para imaginar uma infidelidade. Os planetas aconselham-na a não brincar aos detetives. Onde reina o amor, não há lugar para terceiros.

Pode sentir que os membros da sua família lhe exigem determinados tipos de sacrifícios que não está disposto a fazer ou que, se os fizer, serão um fardo pesado.

Os laços de amizade serão reforçados com aqueles que considera verdadeiros amigos. É provável que se reencontre com pessoas que não via há muito tempo ou que volte a fazer parte de um grupo ou clube a que já pertencia anteriormente.

A sua relação com os seus irmãos ou familiares pode tornar-se distante. Poderão surgir problemas que os afetam e que serão angustiantes para si.

Números da sorte
1 - 7 - 10 - 12 - 22

dezembro de 2024

Este é um mês de expansão, de crescimento e de boa sorte geral. Sentirá o desejo de ultrapassar os seus próprios limites e o seu interesse centrar-se-á em horizontes mais afastados daqueles a que está habituado. O seu idealismo e a sua atração pela religião, pela filosofia e pela metafísica também aumentarão. O bom humor e a alegria serão o tempero principal em todas as atividades, o que o levará a atrair pessoas positivas para si e também a ganhar favores dos outros.

A sua independência acentua-se e, com ela, o seu desejo de viajar e conhecer terras distantes do seu local de residência.

Relativamente aos planos em geral, tenderão a ser grandes, não se contentará com pouco e não aceitará facilmente qualquer tipo de limites. Há uma tendência para o exagero, para o otimismo excessivo, para a falta de cuidado e para ignorar os perigos. Não lhe faltará a fé, mas corre o risco de cometer erros lamentáveis devido à sua falta de cuidado. Tente ser realista; é importante manter uma atitude positiva.

Interagirá com pessoas muito instáveis que, por vezes, ajudarão a estimular o seu intelecto, mas também aumentarão o seu nervosismo devido à falta de constância. Os seus sentimentos tenderão a dividir-se entre duas pessoas ou situações. Se for solteiro, poderá ter duas ou mais pessoas por quem se sente atraído. Se for casado, terá de encontrar uma outra faceta da sua vida conjugal que quebre a rotina, caso contrário, sentir-se-á tentado a procurar outra pessoa ou a considerar uma separação.

A sua mente estará muito concentrada nas conquistas materiais, mas não descurará o seu lado espiritual. Poderá ter tendência a descurar a segurança da sua casa, favorecendo o roubo. Além disso, é importante que selecione as pessoas que convida para a sua casa; sem se aperceber, poderá rodear-se de pessoas invejosas ou de duas caras que irão gerar intrigas ou mexericos.

É provável que faça certas compras ou investimentos que melhorarão a sua qualidade de vida, alterando o seu estatuto social ou condição económica. A sua relação com a sua mãe, ou com outras mulheres da família, poderá ser complicada por discussões ou desacordos. Será demasiado franco e direto nas suas apreciações, o que poderá levá-lo a ferir facilmente a suscetibilidade dos outros.

Números da sorte
3 - 5 - 8 - 23 - 35

As cartas de Tarô, um mundo enigmático e psicológico.

A palavra Tarot significa "estrada real", é uma prática milenar, não se sabe exatamente quem inventou os jogos de cartas em geral, nem o Tarot em particular; existem as mais díspares hipóteses neste sentido.

Alguns dizem que surgiu na Atlântida ou no Egipto, mas outros acreditam que os tarots vieram da China ou da Índia, da antiga terra dos ciganos, ou que chegaram à Europa através dos cátaros. As cartas de tarô apresentam simbolismo astrológico, alquímico, esotérico e religioso, tanto cristão como pagão.

Até há pouco tempo, se mencionássemos a palavra "tarot" a algumas pessoas, era comum imaginarem uma cigana sentada em frente a uma bola de cristal numa sala rodeada de misticismo, ou pensarem em magia negra ou bruxaria, mas atualmente isso mudou.

Esta técnica antiga tem vindo a adaptar-se aos novos tempos, juntou-se à tecnologia e muitos jovens sentem um profundo interesse por ela.

Os jovens isolaram-se da religião porque acreditam que não encontrarão aí a solução para as suas necessidades, aperceberam-se da dualidade da religião, o que não acontece com a espiritualidade.

Em todas as redes sociais, encontram-se contas dedicadas ao estudo e às leituras do tarot, uma vez que tudo o que está relacionado com o esoterismo está na moda, de facto, algumas decisões hierárquicas são tomadas tendo em conta o tarot ou a astrologia.

O que é notável é que as previsões que normalmente estão relacionadas com o tarot não são as mais procuradas, as relacionadas com o autoconhecimento e o aconselhamento espiritual são as mais solicitadas.

O tarot é um oráculo, através dos seus desenhos e cores, estimulamos a nossa esfera psíquica, a parte mais íntima que vai para além do natural. Muitas pessoas recorrem ao tarot como guia espiritual ou psicológico porque vivemos em tempos de incerteza e isso leva-nos a procurar respostas na espiritualidade.

É uma ferramenta tão poderosa que nos diz concretamente o que se passa no nosso subconsciente para que o possamos perceber através da lente de uma nova sabedoria.

Carl Gustav Jung, o famoso psicólogo, utilizou os símbolos das cartas de tarot nos seus estudos psicológicos. Criou a teoria dos arquétipos, onde descobriu uma extensa soma de imagens que ajudam na psicologia analítica.

A utilização de desenhos e símbolos para apelar a uma compreensão mais profunda é frequentemente utilizada em psicanálise. Estas alegorias fazem parte de nós, correspondendo a símbolos do nosso subconsciente e da nossa mente.

O nosso inconsciente tem zonas obscuras e, quando utilizamos técnicas visuais, podemos chegar a diferentes partes dele e revelar elementos da nossa personalidade de que não temos consciência.

Quando é capaz de descodificar estas mensagens através da linguagem pictórica do tarot, pode escolher as decisões a tomar na vida de forma a criar o destino que realmente deseja.

O tarot com os seus símbolos ensina-nos que existe um universo diferente, especialmente nos dias de hoje onde tudo é tão caótico e se procura uma explicação lógica para tudo.

A Carruagem, Carta de Tarô para Áries 2024

Simboliza os vencedores, o dinamismo, o autocontrolo, o triunfo sobre a doença, sobre as dificuldades económicas ou sobre os inimigos que possa ter.

O triunfo das vossas capacidades. Um triunfo que se realiza graças aos vossos méritos. Notícias imprevistas que permitem evoluir, fará uma viagem feliz. A vitória sobre as dificuldades atuais.

As suas recompensas e satisfação são o resultado de um esforço constante.

Terá ganhos e alegrias pessoais, os seus objetivos pessoais estão ao seu alcance se estiver disposto a lutar por eles. Se está a iniciar uma nova etapa pessoal, como um casamento ou uma família, a Carruagem é particularmente influente.

Este ano iniciará um período em que a sua capacidade de produtividade é muito favorável.

É preciso manter os olhos abertos para novas oportunidades de emprego e a mente aberta a novas oportunidades. As recompensas que estas novas oportunidades trarão só chegarão no final.

Tente ser paciente e aproveite-os. Deve procurar novos aliados, pois este novo projeto será mais bem-sucedido se conseguir estabelecer boas parcerias.

Runas do ano 2024

As runas são um conjunto de símbolos que formam um alfabeto. "Runa" significa segredo e simboliza o som de uma pedra a colidir com outra. As runas são um método visionário e mágico.

As runas não são utilizadas para fazer previsões exatas, mas servem para o orientar sobre um *acontecimento, uma questão ou uma decisão futura. As runas têm um simbolismo específico para a pessoa que as deseja, e também mensagens relacionadas com desafios na vida.*

TEIWAZ, Runa de Áries 2024

Tem a confiança e a coragem para conquistar o que quiser. O destino é seu aliado, uma razão convincente para aproveitar o seu aqui e agora. Exprime bravura e vitória. Teiwaz guia a pessoa de alma lutadora no caminho certo com confiança e determinação.

Prenuncia uma época de grande força física. Se estiver em convalescença ou doente, revela que vai melhorar e recuperar a sua energia. No caso de cirurgias, estas correrão bem.

Esta runa é a ferramenta que elimina o que está desatualizado ou o que está a atrapalhar, por isso convida-o a livrar-se de certas coisas pelas quais tem afeição. É um augúrio de que o que acontecer será melhor do que antes, mesmo que seja difícil de aceitar.

Teiwaz é a runa do encorajamento, da coragem e da dedicação. Ela indica a perseverança para progredir, ultrapassando os obstáculos do caminho. Esta runa prevê-lhe o triunfo, desde que os seus objetivos sejam legais e honestos.

Esta runa avisa-o de que tem o que é preciso para progredir e alcançar o sucesso, bem como a capacidade de derrubar o que se interpõe no seu caminho.

Esteja determinado a lutar e a vencer. Terás de enfrentar problemas no teu caminho, mas começa a tua luta com interesse e convicção, pois tens o potencial para alcançar tudo aquilo a que te propuseres.

Cores da sorte

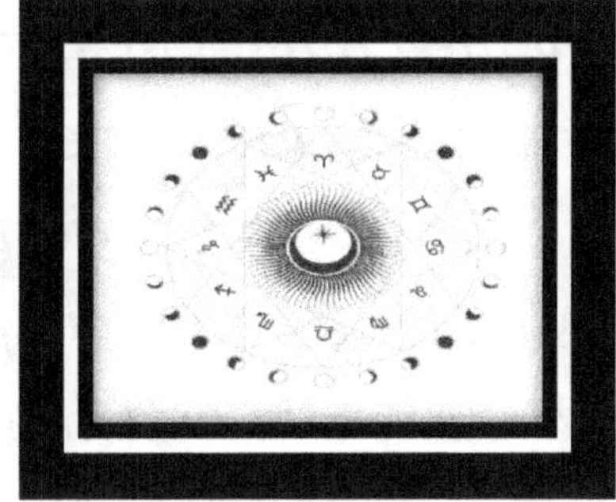

As cores afetam-nos psicologicamente; influenciam a nossa apreciação das coisas, a nossa opinião sobre algo ou alguém e podem ser utilizadas para influenciar as nossas decisões.

As tradições para dar as boas-vindas ao novo ano variam de país para país e, na noite de 31 de dezembro, fazemos um balanço de todas as coisas positivas e negativas que vivemos no ano que está a terminar. Começamos a pensar no que fazer para transformar a nossa sorte no novo ano que se aproxima.

Há várias formas de atrair energias positivas para nós quando recebemos o novo ano, e uma delas é vestir ou usar acessórios de uma cor específica que atraia o que desejamos para o ano que está prestes a começar.

As cores têm cargas energéticas que influenciam a nossa vida, por isso é sempre aconselhável receber o ano vestido com uma cor que atraia as energias daquilo que queremos alcançar.

Para isso existem cores que vibram positivamente com cada signo do zodíaco, por isso a recomendação é que use as roupas com a tonalidade que o fará atrair prosperidade, saúde e amor em 2024. (Estas cores também podem ser usadas durante o resto do ano para ocasiões importantes, ou para melhorar os seus dias).

Lembre-se que, embora o mais comum seja usar roupa interior vermelha para a paixão, rosa para o amor e amarelo ou dourado para a abundância, nunca é demais incluir no nosso vestuário a cor que mais beneficia o nosso signo do zodíaco.

Áries

Verde.

As palavras-chave para a cor verde são: *harmonia, crescimento, fertilidade, estabilidade e resistência.*

O verde é semelhante à natureza e tem a capacidade de nos ligar a ela. Ajuda-nos a enfatizar com outras pessoas, encontrando as palavras certas de uma forma natural e fluida.

O verde é uma cor que simboliza a natureza e a vida, estando associado ao crescimento e à harmonia.

É uma cor que transmite uma sensação de equilíbrio e frescura, muito utilizada em ambientes que procuram promover a tranquilidade e a serenidade.

É a cor que inconscientemente procuramos quando estamos melancólicos ou acabámos de passar por um trauma.

O verde traz-nos uma sensação de conforto e de alívio, de tranquilidade e de paz interior, que nos faz sentir serenos por dentro.

Meditar com a cor verde é como tomar um remédio para curar as emoções.

Esta cor é utilizada para relaxar. Representa certeza, estabilidade e equilíbrio, ajuda a sentir-se mais calmo. É utilizada em casos de insónia, fadiga, dores de cabeça e nervosismo, pois baixa a tensão arterial e diminui o ritmo cardíaco.

O verde simboliza a juventude e a vida, mas também representa a ação. Artistas e especialistas concordam que uma casa ou um quarto pintado com uma cor verde suave favorece o descanso e o bem-estar.

Rebuçados da sorte

Quem não tem um anel da sorte, uma corrente que nunca se solta, ou um objeto que não trocaria por nada deste mundo? Todos nós atribuímos um poder especial a certos objetos que nos pertencem e este carácter especial que eles assumem para nós torna-os objetos mágicos. Para que um talismã possa atuar e influenciar as circunstâncias, é necessário que o seu portador tenha fé nele, o que o transformará num objeto prodigioso, capaz de cumprir tudo o que lhe for pedido.

No sentido corrente, um amuleto é qualquer objeto que propicia o bem como medida preventiva contra o mal, o dano, a doença e a feitiçaria.

Os amuletos para a boa sorte podem ajudá-lo a ter um ano 2024 cheio de bênçãos em sua casa, no trabalho, com a sua família, atrair dinheiro e saúde. Para que os amuletos funcionem corretamente, não os deve emprestar a ninguém e deve tê-los sempre à mão.

Os amuletos existiram em todas as culturas e são feitos de elementos da natureza que servem como catalisadores de energias que ajudam a criar os desejos humanos.

Ao amuleto é atribuído o poder de afastar os males, feitiços, doenças, catástrofes ou de contrariar os maus desejos lançados através dos olhos dos outros.

Amuleto para Aries.

Dragão

É portador de energia, luz, prosperidade, fortuna e proteção. Em quase todas as tradições, mitos e fábulas chinesas existe um dragão como emblema de firmeza, tenacidade, abundância e magia.

A sua utilização como amuleto ou talismã ajudá-lo-á a ter boa sorte. Tê-lo em sua casa tornará os espaços mais harmoniosos e a energia fluirá.

O dragão é um guardião do divino, um protetor da nossa casa.

Uma casa protegida por um dragão é um espaço protegido e cheio de boa sorte.

Quartzo da sorte

Todos nos sentimos atraídos pelos diamantes, rubis, esmeraldas e safiras, obviamente pedras preciosas. As pedras semipreciosas, como a cornalina, o olho de tigre, o quartzo branco e o lápis-lazúli, são também muito apreciados, pois são utilizadas como ornamentos e símbolos de poder há milhares de anos.

O que muitos não sabem é que eram valorizados por mais do que a sua beleza: cada um tinha um significado sagrado e as suas propriedades curativas eram tão importantes como o seu valor ornamental.

Os cristais continuam a ter as mesmas propriedades nos nossos dias, a maioria das pessoas está familiarizada com os mais populares como a ametista, a malaquite e a obsidiana, mas atualmente *há novos cristais como o lari mar, a petalite e a fenacita que se tornaram conhecidos.*

Um cristal é um corpo sólido com uma forma geometricamente regular, os cristais formaram-se quando a Terra foi criada e continuaram a metamorfosear-se à medida que o planeta foi mudando, os cristais são o ADN da Terra, são armazéns em miniatura que contêm o desenvolvimento do nosso planeta ao longo de milhões de anos.

Algumas foram dobradas a pressões extraordinárias e outras cresceram em câmaras enterradas no subsolo, outras foram criadas por gotejamento. Qualquer que seja a sua forma, a sua estrutura cristalina pode absorver, conservar, concentrar e emitir energia.

No coração do cristal está o átomo, os seus eletrões e protões. O átomo é dinâmico e é composto por uma série de partículas que giram em torno do centro em constante movimento, de modo que, embora o cristal possa parecer imóvel, é na realidade uma massa molecular viva que vibra a uma determinada frequência e é isso que dá energia ao cristal.

As pedras preciosas eram uma prerrogativa real e sacerdotal, os sacerdotes do judaísmo usavam uma placa no peito cheia de pedras preciosas que era muito mais do que um emblema para designar a sua função, pois transferia poder para quem a usava.

Os homens usam pedras desde a idade da pedra, pois estas têm uma função protetora, protegendo os seus portadores de vários males. Atualmente, os cristais têm o mesmo poder e podemos selecionar as nossas joias não só de acordo com o seu atrativo exterior, mas também porque tê-las perto de nós pode aumentar a nossa energia (cornalina laranja), limpar o espaço à nossa volta (âmbar) ou atrair riqueza (citrino).

Certos cristais, como o quartzo fumado e a turmalina negra, têm a capacidade de absorver a negatividade, emitindo uma energia pura e limpa.

Usar uma turmalina negra à volta do pescoço protege das emanações eletromagnéticas, incluindo as dos telemóveis, um citrino não só atrairá riqueza, como também o ajudará a mantê-la, coloque-o na parte rica da sua casa (a parte de trás à esquerda, mais afastada da porta da frente).

Se está à procura de amor, os cristais podem ajudá-lo. Coloque um quartzo rosa no canto de relacionamento da sua casa (o canto traseiro direito mais afastado da porta da frente) o seu efeito é tão poderoso que pode querer adicionar uma ametista para compensar a atração.

Pode também utilizar a rodocrosite, o amor virá ao seu encontro.

Os cristais podem curar e dar equilíbrio, alguns cristais contêm minerais conhecidos pelas suas propriedades terapêuticas, a malaquite tem uma elevada concentração de cobre, usar uma pulseira de malaquite permite ao corpo absorver quantidades mínimas de cobre.

O lápis-lazúli alivia a enxaqueca, mas se a dor de cabeça for causada pelo stress, a ametista, o âmbar ou a turquesa colocada acima das sobrancelhas aliviam-na.

O quartzo e os minerais são joias da mãe terra, dê a si próprio a oportunidade e ligue-se à magia que eles emanam.

Quartzo da sorte para Áries

O rubi é a pedra associada a este signo. Os Áries que usam esta pedra podem receber os benefícios de uma boa circulação sanguínea.

Com o rubi, obterá sucesso e riqueza, bem como coragem, encorajamento e lealdade. Na Birmânia, de onde provém esta pedra, considera-se que atrai amigos e felicidade.

Para os japoneses e chineses, traz saúde e longevidade, regula as paixões, afasta os maus pensamentos e também garante paz e saúde. Outras *pedras relacionadas com Áries são o jaspe vermelho e a ágata de fogo.*

Compatibilidade de Áries e os outros signos no amor

Poderoso e carismático, Áries, o primeiro signo do zodíaco, quando se trata de amor e romance, Áries alimenta-se de fogo, o seu elemento natural.

Conhecido pelo seu temperamento imprevisível e pela sua ternura, Áries é multifacetado no que diz respeito ao amor.

Parte do sucesso de Áries deve-se ao seu magnetismo e capacidade natural, atrai com o seu entusiasmo e otimismo inatos, apimentando todas as suas relações através da sua alegria de viver contagiante.

Sendo um signo tão ambicioso, não é de admirar que Áries se esforce por ter a relação perfeita. Áries pode dizer-lhe que a parceria ideal é aquela que não tem discussões, mas na verdade, este signo fica mais satisfeito com uma dose excitante de tensão. Ele gosta de ganhar e a competição desafia-o a mostrar as suas melhores qualidades.

Se quiser mantê-lo empenhado, não se esqueça de reconhecer as suas vitórias. Todos os signos de fogo (Áries, Leão e Sagitário) precisam de uma audiência, mas Áries é talvez o mais ousado na exibição da sua necessidade de validação, e terá sempre uma relação feliz com o assertivo Áries se terminar cada palavra com um ponto de exclamação, em vez de um ponto de interrogação.

O ego de Áries faz parte da sua configuração cósmica, podendo ocasionalmente ser arrogante, mas o seu ego não é mau. De facto, todo o zodíaco começa por causa da autoconfiança de Áries. O espírito vivaz de Áries é revigorante e inspirador, mas pode ser complicado, uma vez que Áries exige atenção constante, o que, se não for bem gerido, pode esgotá-lo. É importante que os parceiros de Áries aprendam a dizer não, mesmo que isso signifique ter de suportar uma birra ocasional.

Não se esqueça que Áries está sempre a testar os limites, por isso não se surpreenda se o seu parceiro Áries ocasionalmente disser ou fizer algo inapropriado. Esta é a sua forma de medir o que pode ser e o que não pode ser acessível, por isso, se o seu parceiro Áries fizer algo de errado, não se esqueça de lhe dizer imediatamente.

Este signo de fogo respeita os limites pessoais, por isso, assim que ele compreender os parâmetros da vossa relação, não deixará de honrar as suas exigências.

Áries precisa de ser acarinhado e apoiado em todos os momentos e, embora pareça forte, é na verdade extremamente delicado, por isso, se estiver disposto a desempenhar o papel de líder de claque emocional, o seu parceiro de Áries ficará eternamente grato.

Áries é muito ambicioso e quer fazer parte de um casal que brilha em privado e publicamente, no entanto, se as aspirações do parceiro de Áries o ultrapassarem, este signo ardente torna-se um pouco invejoso. Se isso acontecer, não se preocupe, apenas encontre a oportunidade de celebrar as suas realizações, e ele irá certamente irradiar uma fonte de gratidão.

Fazer jogos no amor não é aconselhável, mas com Áries as coisas são diferentes, pois ele gosta de desafios. No entanto, não se deve usar a manipulação, pois Áries é direto e não há nada que ele deteste mais do que ser provocado. Pode brincar e ser brincalhão, mas no final do dia, certifique-se de que o faz sempre com intenções honestas.

Áries adora o conforto e aprecia o estilo, por isso, se está à procura de novas formas de chamar a atenção dele, não tenha medo de se destacar, ele é atraído por escolhas de moda desafiantes, cores vivas e padrões arrojados. Os desajustados captam o seu coração ardente e, como ele adora a alegria, se ele reparar que se está a divertir, vai sentir uma atração instantânea.

Áries é alimentado pela paixão, por isso, quando se trata de relacionamentos duradouros, é fundamental que encontre novas e excitantes formas de manter a chama do amor constantemente acesa.

O sexo é importante para Áries; o contacto físico vai certamente saciar um Áries. Eles querem sempre sentir que a relação é uma escolha, não umas obrigações, consequentemente, manterão a faísca viva infundindo a sua relação com aventura, drama e, claro, uma discussão de vez em quando.

Se alguma vez esteve numa relação com Áries durante um longo período, já sabe que, a dada altura, a relação chega a uma encruzilhada.

Como Áries está habituado a mergulhar de cabeça nas relações, ter momentos de reflexão é consideravelmente importante para ele, pois precisa de liberdade para considerar as implicações do seu compromisso a longo prazo. Por isso, deve dar-lhe espaço para pesar as suas opções e chegar a uma decisão.

Depois de refletir um pouco, o seu parceiro de Áries voltará certamente à relação com mais entusiasmo.

*Quando **Áries** se junta **a Áries**, pensem num bombardeamento atómico. É realmente uma força potente. Uma combinação Áries-Áries é uma dose dez vezes maior de impaciência, e cada um deles exigirá constantemente segurança e estabilidade do seu parceiro.*

Felizmente, eles entendem-se um ao outro, por isso, se estiverem dispostos, e cada um for sensível aos sentimentos do outro e lhes der espaço, claro que sem se tornarem emocionalmente distantes, esta pode ser uma excelente relação a longo prazo, cheia de muita diversão, aventura e paixão.

O único obstáculo nesta relação é a luta de egos: Áries é competitivo e tem dificuldade em deixar de ser o melhor em alguma coisa. Esta será a principal questão a trabalhar para tornar a relação estável.

Este casal é o encontro de dois espíritos enérgicos e, de um modo geral, é uma relação positiva. Os dois sentem-se atraídos por experimentar coisas novas, mas têm de aprender a juntar-se.

Áries tem uma magnanimidade natural, por isso deve aprender a alternar para satisfazer os seus gostos. Áries é transparente com os seus sentimentos e isso ajuda dois Áries a nunca se tratarem com falsidade ou hipocrisia. Quando Áries se apaixona, é um casal maravilhoso em que se pode confiar. Num casal composto por dois Áries, o tédio não existe. A sua capacidade de compensar as discrepâncias faz deles uma relação ardente e íntima.

*Quando **Áries e Touro se juntam,** não podemos esquecer que Touro é manifestamente teimoso, e quando Áries se sente desafiado, pode ser extremamente teimoso. Se isto acontecer, podem entrar em conflito, gerando um conflito titânico.*

No entanto, existe uma paixão incrível na relação Áries-Touro. Áries gosta de ser cuidado pelo singular Touro, e Touro aprecia a abordagem astuta de Áries à vida. Para garantir esta relação, ambos precisam de se sentir confortáveis e protegidos.

Touro pode ensinar Áries a controlar seus impulsos impraticáveis, e Áries pode instruir Touro a ser mais aventureiro. Touro é refinado, conformado e atento. Áries é absorvido por essas capacidades.

Áries vê Touro como o seu bastão, completamente estável. Touro vê Áries como alguém que sabe aproveitar as oportunidades da vida.

Se ambos os signos se lembrarem deste jogo, esta relação pode ser extremamente romântica.

Áries e Gémeos *são brincalhões, espontâneos, mas ambos se aborrecem facilmente. Estes signos requerem muita estimulação, mas este casal é excelente a manter o interesse mútuo. Os dois gostam sempre de fazer viagens de fim de semana juntos, organizar festas e inspirar-se mutuamente.*

Tanto Áries como Gémeos divertem-se facilmente, pelo que estes dois signos precisam de fazer horas extraordinárias para evitar que a relação se desmorone. O importante a reter aqui é que uma relação não se resume a recreação, risos e jogos, mas também a responsabilidade e empenhamento.

Áries e Caranguejo é uma *relação algo inconsistente. Caranguejo é extremamente sensível e podem surgir conflitos quando Áries sente que o seu fogo está a ser apagado pela fraqueza de Caranguejo. No entanto, Áries e Caranguejo são criadores, por isso, quando trabalham juntos, encorajam-se mutuamente a atingir o seu potencial máximo.*

À superfície, Áries é o líder, sempre com pressa para enfrentar qualquer desafio, mas Caranguejo está secretamente no comando através do domínio emocional e da capacidade de calcular a situação. Se ambos os parceiros se tratarem com amor, isso pode resultar numa relação extremamente duradoura.

Áries e Leão, *quando se juntam, brilham intensamente. Tanto Áries como Leão são apaixonados, dinâmicos e cheios de vida, por isso, quando estão romanticamente ligados, são imparáveis. Áries e Leão gostam de refrescar as chamas um do outro com grandes demonstrações de afeto e um turbilhão de drama.*

Apesar disso, pode haver problemas no Éden, quando Leão fica desiludido com a ferocidade infantil de Áries e Áries se sente desconfortável com o snobismo vistoso de Leão. No entanto, o casal Áries-Leão é divertido e juntos formam uma excelente combinação.

Áries e Virgem *são um par estranho. Virgem é escrupuloso, minucioso e extremamente minucioso. Áries, pelo contrário, não se deixa incomodar por ninharias. Um casal Áries-Virgem tem graves convulsões de hábito.*

Na realidade, Virgem pode instruir Áries e aprender a relaxar, enquanto Áries pode perceber que prestar atenção aos detalhes não é nada infernal. Se Áries e Virgem se tratarem com discernimento e obediência às suas incompatibilidades, podem criar uma relação eficaz.

 Áries e Balança*. No zodíaco, estes dois signos são opostos, Áries é o signo do eu, enquanto Balança é o signo do nós; Áries é um lutador, enquanto Balança é a harmonia. Áries é um criador, enquanto Balança é um intelectual. No entanto, os dois estão unidos em fraternidade, formam um casal extraordinariamente dinâmico, com uma forte atração sexual.*

A relação entre Áries e Balança oferece um contrapeso que apoia cada uma das suas melhores qualidades. Balança valoriza a harmonia numa união e fará tudo o que for possível para a preservar. Cada um traz para a relação o que falta ao outro, criando uma harmonia maravilhosa.

Áries e Escorpião *partilham um entusiasmo incrível, embora com formas diferentes de mostrar as suas energias. Áries se maravilha em mergulhar diretamente no combate, enquanto Escorpião opta por montar um espaço e observar de longe. No entanto, apesar das suas discrepâncias, uma relação Áries-Escorpião é desprendida e extremamente sexual para estes amantes de sangue quente. A sua ligação é muito ardente e muitas vezes questionável, porque ambos os parceiros são propensos ao ciúme.*

Áries e Sagitário*, é uma relação atrativa. Áries acende a vela e passa-a a Sagitário, que a usa para* *criar um fogo rústico. Sagitário é uma brasa poderosa, uma energia que aumenta o ardor de Áries. Estes dois são verdadeiramente incontroláveis. No entanto, devem ser muito cautelosos, pois esta é uma relação propensa a acidentes, uma vez que Áries está sempre com pressa e Sagitário tende a olhar para tudo menos para o óbvio.*

É um pouco difícil manter esta relação porque ambos têm muita energia para começar coisas novas, mas pouca motivação para avançar.

Áries é mais sensível do que o festivo Sagitário, por isso ambos devem certificar-se de que se ouvem e oferecem apoio mútuo.

***Áries e Capricórnio**, à primeira vista, podem parecer um pouco diferentes. Áries é influenciado por um impulso inicial, enquanto Capricórnio, sem dúvida o signo mais trabalhador do zodíaco, é estimulado pelo sucesso a longo prazo. De facto, Capricórnio sobe lentamente até ao topo, enquanto Áries sobe rapidamente. Os dois têm formas consideravelmente díspares de interagir com o mundo, mas podem ter um desempenho extremamente bom como casal.*

O eficiente Capricórnio aprecia a atitude de Áries, enquanto o apressado Áries valoriza a extraordinária precisão de Capricórnio, o que cria uma união que é inspiradora e satisfatória. Áries tem de ter cuidado para não contrariar Capricórnio, que, por sua vez, tem de tentar não amortecer a alma fervorosa de Áries.

Áries e Aquário *podem ter uma relação duradoura. Áries é um signo extremamente sólido e espontâneo, mas muda ligeiramente de forma quando ligado a Aquário, um signo conhecido pela sua compaixão distante e fria.*

No entanto, na realidade, é Áries que se desequilibra para se adaptar a Aquário. Ambos os signos apreciam a liberdade, mas a propensão de Áries para a possessividade pode tornar Aquário protetor. Embora tenham essa ligação especial, veem o mundo com olhos diferentes.

Com Aquário ao seu lado, Áries esforçar-se-á por tentar pensar fora da caixa e, embora haja certamente um período de adaptação, a relação é muito encantadora.

Áries e Peixes *é uma combinação extremamente especial. Sendo o primeiro e o último signo do zodíaco, os dois formam uma poderosa dupla karmicas que se baseia na sabedoria, na razão e na intuição. Áries é sereno com a energia balsâmica de*

Peixes, e Peixes gentil é eletrificado pelo espírito ardente de Áries.

Peixes compreende profundamente Áries e isso pode ajudar a aliviar qualquer tipo de problema. Peixes sabe como evitar que Áries se torne excessivamente imprudente.

Juntos formam um duo dinâmico quando combinam a sinceridade de Áries com a acuidade intuitiva de Peixes.

Embora estes dois signos precisem de se certificar de que respeitam as diferenças um do outro, existe aqui uma oportunidade especial para se ajudarem mutuamente a compreender a totalidade da experiência humana.

Juntos, podem ter um final positivo para qualquer plano que decidam iniciar. Têm realmente muito a aprender um com o outro. Peixes ensina a Áries como ter empatia, e Áries mostra a Peixes como realizar seus sonhos.

Quando estabelecem uma relação, as coisas correm muito bem para ambos, ou seja, são alimentados pela sua união. São sinceros nas suas relações e, no final, a acuidade natural que Áries e Peixes possuem ajudá-los-á a descobrir que a sua relação pode funcionar melhor do que qualquer um possa imaginar. Uma pessoa tão psíquica como Peixes precisa de um parceiro terreno e realista, e é em Áries que o encontra.

Áries e a sua vocação

Este signo tem muita força de vontade e é empreendedor. Criativo e insaciável, não há nada que Áries não possa alcançar na vida se estiver motivado.

Prontos a correr riscos e excelentes em tempos de crise. Gostam de trabalhos que não exijam rotina, são irrequietos e não têm constância.

Nasceram para ser líderes, para contribuir com ideias para o mundo em que se movem, para criar empresas e dar lições com suas atitudes.

O problema é que anseiam por fazer várias coisas ao mesmo tempo e perdem tempo antes de as terminar. O sucesso chega quando se é autêntico naquilo que se quer.

Desde tenra idade, são bons a ganhar dinheiro. Se forem subordinados, tendem a ser respeitosos e a cumprir as responsabilidades que lhes são atribuídas.

Quando são chefes, gostam de dar liberdade aos trabalhadores e de manter uma relação sincera com eles.

Melhores profissões

As suas profissões são diversas. Desde empresários, treinadores, professores de educação física, polícias, diretores de empresas, correspondentes de guerra, bombeiros, gestores, animadores, motoristas, comediantes, mágicos, em suma, empresários.

Na área da saúde, destacam-se na cirurgia, oftalmologia e estomatologia. No desporto, em atletismo, automobilismo, basebol ou boxe.

Rituais de dinheiro

Ritual com açúcar para atrair a abundância

É necessário:

- 4 colheres de sopa de açúcar mascavado

- 16 moedas

- 4 velas verdes

- 1 fonte profunda com água sagrada abundante

Deve realizar este ritual durante quatro dias, começando numa quinta-feira ao nascer do sol. Escolhe um lugar calmo em casa.

Faz-se um círculo com as moedas à volta da fonte e coloca-se uma vela do lado direito. Acende a vela e deita as quatro colheres de açúcar na água, enquanto pensas em toda a prosperidade material que desejas.

Escolha as quatro moedas que estão mais próximas da vela e atire uma a uma para a água, enquanto pede aos seus guias espirituais que nunca falte dinheiro em sua casa.

Deixar a vela apagar-se. Repetir o ritual nos três dias seguintes. Recomenda-se que antes de efetuar este ritual purifique a sua casa com açúcar com o ritual anterior ou outro incenso.

Feitiço para atrair dinheiro.

Num dia de Lua Cheia, coloca-se uma nota comum dentro de um copo de cristal transparente, enche-se de açúcar até à borda e deixa-se toda a noite à luz da Lua Cheia, ao ar livre.

Outra opção que pode fazer é colocar mel no copo até metade, e a outra metade com água e introduzir três moedas no seu interior. No dia seguinte, retira-se a nota ou as moedas e embrulha-se em papel transparente. Deve levá-lo sempre consigo na carteira.

Atrair dinheiro em 11 dias.

Na Lua Cheia ou na Lua Crescente, colocarás ao ar livre durante toda a noite uma chávena com açúcar com algumas moedas dentro e um quartzo citrino. No dia seguinte, retira as moedas e distribui-as por diferentes partes do chão da sua casa, nos cantos se não as quiser pisar, e guarda o quartzo na sua carteira. Deixa o açúcar numa chávena na cozinha. Antes de 11 dias, o dinheiro virá ter contigo. Quando isso acontecer, enterra as moedas e deita fora o açúcar.

Feitiço com açúcar e água do mar para a prosperidade.

É necessário:

- Água do mar

- 3 colheres de sopa de açúcar

- 1 copo de vidro azul

Encha o copo com água do mar e açúcar, deixe-o ao ar livre na primeira noite de Lua Cheia e retire-o do sereno às 6:00 da manhã. Em seguida, abra as portas de sua casa e comece a borrifar a água com açúcar da entrada para o fundo, use um borrifador, enquanto faz isso deve repetir em sua mente: "Eu atraio para a minha vida toda a prosperidade e riqueza que o universo sabe que eu mereço, obrigado, obrigado, obrigado".

Ritual para atrair dinheiro instantaneamente.

É necessário:

- 5 paus de canela

- 1 casca de laranja seca

- 1 litro de água sagrada

- 1 vela verde

Leve a canela, a casca de laranja e um litro de água a ferver, depois deixe a mistura repousar até arrefecer. Deite o líquido num frasco de spray. Acenda a vela na parte norte da sala de estar da sua casa e pulverize todas as divisões enquanto repete: "Anjo da Abundância, invoco a tua presença nesta casa para que nada nos falte e tenhamos sempre mais do que precisamos". Quando terminar, agradeça três vezes e deixe a vela acesa. Pode fazer-se num domingo ou numa quinta-feira às horas do planeta Vénus ou de Júpiter.

Melhores países e cidades para viver

Países: Alemanha, Inglaterra, Dinamarca, Polónia, Palestina, Israel, Síria, Ilhas Caimão e Japão.

Cidades: Birmingham, Oldham, Leicester, Blackburn, Florença, Nápoles, Havana, Cápua, Verona, Pádua, Marselha, Cracóvia, Saragoça, Utrecht e Nova Iorque.

Incenso e óleos essenciais para dinheiro

O ylang - ylang, é um óleo essencial calmante que ajuda a aliviar o stress. Também ajuda a pressão sanguínea e diminui a tensão nervosa. É um excelente óleo de equilíbrio para peles oleosas ou secas. O ylang-ylang tem a reputação de aumentar o sucesso do signo de Áries.

Plantas por dinheiro

Feto: é uma planta que podemos facilmente colocar em nossas casas, é bem conhecida por atrair boa sorte e está mesmo relacionada com a proteção, estas qualidades estão ligadas à prosperidade.

Quartzo para o dinheiro

Malaquite: sempre foi qualificada como uma pedra com poder e valiosa para a prosperidade material. As propriedades e utilizações da Malaquite são populares desde há séculos.

Feitiço para atrair a sua alma gémea

É necessário:

- Folhas de alecrim

- Folhas de salsa

- Folhas de manjericão

- Caçarola de metal

- 1 vela vermelha em forma de coração

- Óleo essencial de canela

- 1 coração desenhado em papel vermelho

- Álcool

- Óleo de lavanda

É preciso primeiro consagrar a vela com o óleo de canela, depois acendê-la e colocá-la ao lado da tigela de metal. Misture todas as plantas na taça. Escreve no coração de papel todas as características da pessoa que desejas na tua vida, escreve os detalhes.

Deite cinco gotas de óleo de lavanda no papel e coloque-o dentro do tacho. Polvilhe com o álcool e deite-lhe fogo. Todos os restos devem ser espalhados na praia, enquanto isso, concentre-se e peça para que essa pessoa entre na sua vida.

Férias

As férias proporcionam benefícios físicos e mentais. Está provado que as férias reduzem os níveis de stress e beneficiam o sistema imunitário. Por vezes, planear umas férias causa stress porque as opções são infinitas e decidir torna-se uma tarefa quimérica.

Utilizando a astrologia, a compreensão da sua personalidade permite-lhe saber qual o local de férias ideal para si.

__Áries__, uma estância com tudo incluído e atividades desportivas ao ar livre num local quente como Ponta Cana, Cancun e as Ilhas Turcas e Caicos seria o ideal. A Austrália é um país excitante que oferece uma riqueza de emoções de fazer acelerar o coração.

__Touro__, uma estadia numa estância de luxo nas Ilhas Caimão, ou umas férias de luxo no Dubai, num hotel com todas as comodidades, será muito apelativa. A Itália é um país perfeito, porque lá encontrará tudo aquilo com que sempre sonhou: amor, charme, luxo, comida maravilhosa e vinhos de primeira classe.

__Os geminianos__ gostam de se sentir intelectualmente empenhados. As viagens com excursões guiadas, como um safari em África ou a investigação das espécies *das Ilhas Galápagos, oferecem ao comunicador do zodíaco uma experiência de luxo.*

Cancro, *viagens curtas, rodeado de família e amigos. A Disney World, desfrutando das atrações e das suas diversas comidas, é uma opção. Em Orlando, na Flórida, há vários hotéis e resorts fantásticos, cada um com um tema único e fascinante.*

Leão, *ficar num bungalow sobre o mar no Taiti é fantástico para este signo. Outra alternativa de luxo, que o leão adora, seria alugar uma ilha tropical privada nas Maldivas, nas Ilhas Fiji ou nas Ilhas Virgens.*

Virgem, *a Itália é a sua melhor opção. Este país mantê-lo-á bem ocupado. Como signo de terra, liga-se ao mundo que o rodeia, lugares como La Romana, na República Dominicana, Perto Vejo, na Costa Rica, e Belo Horizonte, no Brasil, dar-lhe-ão vida.*

Balança, *opta por cidades com museus. As férias tropicais não serão tão satisfatórias para Balança como visitar o Louvre em Paris, o Museu da Acrópole em Atenas, Grécia, o Museu do Prado em Madrid, Espanha ou a Galeria Uffizi em Florença, Itália.*

Escorpião, *passar uns dias numa praia isolada com bebidas alcoólicas e massagens. Na Grécia, em Bali, em St. Martin ou no Havai, encontrará todos estes luxos. Visitar locais históricos perto do seu hotel de luxo seria uma combinação extraordinária de férias tropicais e culturais. Mikonos e Roda, na Grécia, são destinos perfeitos.*

Sagitário, *explore o Caminho de Santiago, uma rede de caminhos muito diferentes, todos conducentes à cidade de Santiago de Compostela. Cada caminho tem a sua história, o seu património e a sua magia. Sagitário é um viajante que anseia por novas experiências, pelo que na Irlanda encontrará tudo o que procura.*

Capricórnio, *um signo orientado para os objetivos. Férias onde poderá estabelecer novas relações comerciais. A China seria espetacular. Capricórnio tem um sentido de valor histórico que os outros signos não têm, por isso países como Israel e Egipto, onde a história está presente, fá-lo-ão sentir-se em casa.*

Aquário *adora novas ideias, lugares desconhecidos e novos relacionamentos. Um país fantástico para* visitar seria o Japão, não só pela sua história e cultura fascinantes, mas também porque cada uma das suas regiões tem algo diferente para oferecer.

Peixes, um signo de água que gosta de férias tropicais. Um hotel à beira-mar seria o ideal. A ilha "La Dique", na República das Seychelles, talvez a mais bela praia do mundo, será um sucesso garantido. Peixes, possuidor de uma visão calma da vida, sendo regido por Neptuno, faz de si um pensador criativo. A Suécia é um país que ele deve visitar, porque aí encontrará uma cultura tão inovadora como ele.

Quem é a sua alma gémea de acordo com o seu signo do zodíaco?

Quando ouvimos o termo "almas gémeas", pensamos normalmente que se trata de membros de um casal, ou seja, de alguém com quem se tem uma forte ligação sentimental e sexual. No entanto, as legítimas almas gémeas nem sempre se relacionam desse ponto de vista e, muitas vezes, nem sequer estão interessadas no aspeto sexual de uma relação.

A sua alma gémea pode não ser apenas o seu parceiro, mas também o seu pai, amigo, filho, avô, chefe ou irmã.

De um ponto de vista astrológico, e tendo em conta que as lições que precisamos de aprender antes de atingir o próximo nível espiritual são as que definem o tipo de relações afetivas que precisamos de desenvolver na vida atual, podemos dizer que Caranguejo e Peixes são almas gémeas de Áries.

Com Caranguejo e Peixes, Áries pode não só concentrar-se melhor e resolver conflitos sem violência, mas também desenvolver a empatia, ou seja, a capacidade de se colocar no lugar do outro e aprender a partilhar.

Estes dois signos não gostam de conflitos e, se estes surgirem, preferem o diálogo a qualquer episódio de brutalidade.

Áries pode ensinar a Caranguejo e a Peixes a não precisarem da aprovação dos outros, a correrem mais riscos e a não tentarem agradar a toda a gente, ou seja, a serem mais assertivos.

O sensual Touro, inimigo da mudança, parente consanguíneo da inércia, tem como alma gémea Sagitário e Gémeos, dois signos que sabem que a vida é uma viagem fascinante, mas não estática.

Podem ensinar a Touro que não tem de ficar onde já não deve estar por medo da incerteza, e que haverá sempre certas situações ou circunstâncias que acontecerão sem que estejamos à espera delas, e sem que tenhamos qualquer poder para as modificar. Touro também tem muito a ensinar a estes signos.

Lições de força de vontade, de ter compromissos com os outros, de se empenhar no que se faz e de ir até ao fim com persistência, sem pressa nem lentidão. Ter princípios e ser prudente.

Leão pode equilibrar muito karma com as suas almas gémeas pertencentes a Balança e Aquário.

Um Leão pode agarrar-se a uma ideia ou opinião errada por vaidade; Balança e Aquário sabem que por detrás de uma pessoa egocêntrica há uma baixa autoestima.

Balança ensinará a Leão a equanimidade e a tolerância, a usar o raciocínio e a diplomacia para manter uma comunicação fluida. Aquário, o signo oposto a Leão, dotado de um julgamento objetivo e justo, uma vez que nunca se deixa influenciar por preconceitos, ensinará Leão a ver o coração das pessoas, a oferecer o seu ombro e a dar palavras de simpatia em momentos de necessidade.

Leão nunca hesita quando toma decisões e, se o faz, não as manifesta, algo que Balança deveria praticar.

A fidelidade é uma caraterística de Leão, algo desconhecido para Aquário, e os leõezinhos podem dar-lhe lições de moral.

Virgem, conhecido como perfeccionista devido ao seu imenso medo de falhar, tem Escorpião e Capricórnio como almas gémeas. Virgem gosta de ser rigoroso nas suas decisões e tem um protótipo em quase todos os aspetos da sua vida. Esta seletividade impede-os de seguir o movimento da vida.

Virgem vai literalmente destruir um projeto inteiro se achar que não foi perfeito, algo que um Capricórnio nunca faria, pois, a sua visão permite-lhe ver que podem sempre ser tomadas medidas alternativas, sem ter de começar de novo.

Capricórnio é um signo seguro do seu próprio espaço, não toma decisões sem sentido, algo que Virgem por vezes faz.

Por outro lado, Escorpião é capaz de atenuar o pior e realçar o melhor de Virgem. Escorpião e Virgem têm uma abordagem prática da vida, no entanto, Escorpião é muito mais amante da vida do que Virgem. Escorpião trará a determinação que falta a Virgem, e Virgem trará controlo e racionalidade ao apaixonado Escorpião.

Virgem tornará Capricórnio mais agradável e brincalhão ao seu lado, isolando-o dessa seriedade excessiva que muitas vezes mostra no rosto.

A loucura e os signos do Zodíaco

A loucura tem-se revelado ao longo da história como uma verdade obscura, enigmática e contraditória. Assustou-nos, ignorámo-la e até a aceitámos e, como resultado, as pessoas que supostamente sofreram com ela foram rejeitadas, eliminadas e também honradas.

Qualquer comportamento que seja incongruente com o nosso raciocínio não é necessariamente um ato de insanidade, mas uma forma diferente de proceder.

É um erro se, quando nos sentimos afetados ou incomodados pelas ações ou loucuras dos outros, os banimos, uma vez que isso não nos torna mais razoáveis, equilibrados ou perfeitos, mas sim igualmente loucos.

A definição de insanidade é tão complexa como a definição de sanidade, mas todos os signos do zodíaco têm o seu grau de insanidade.

Cancro*: São temperamentais. Isto faz com que tenham uma personalidade incompreensível vista de fora. A popularidade das pessoas loucas foi conquistada pelo seu carácter inconsistente que, por vezes, perturba as pessoas que as rodeiam.*

Escorpião - Precisam *de mudar para serem felizes, são capazes de cometer loucuras só para gerar um* *pouco de ação. Para eles, ter uma explosão é normal, porque são viciados em mudanças e frenesins.*

Peixes: *É impossível não o contaminarem com os seus desequilíbrios. A sua instabilidade e desequilíbrio incomodam as pessoas que o rodeiam. Veem tudo como um mar de rosas, o que faz com que lhes chamem loucos porque estão sempre a flutuar numa nuvem.*

Gémeos - *É famoso pela sua dualidade. Por vezes, estão em conflito consigo próprios. Adoram desafios que envolvam perigo. Adoram planear aventuras improvisadas e estão sempre prontos a ultrapassar os limites da loucura máxima.*

Leão: *Quando o fogo se instala na sua cabeça, pensam que tudo o que rodeia a sua vida é mais urgente do que qualquer outra coisa. São extravagantes e têm atitudes que para os outros são consideradas loucas. São capazes de fazer coisas que uma pessoa sensata nunca faria.*

Áries: *Perturbam-se a si próprios e a quem os rodeia. São teimosos e gostam de ser os primeiros em tudo, mesmo que para isso tenham de cometer loucuras.*

Não sabem retrair-se, o que os leva a praticar catos irracionais.

Aquário: *Um signo revolucionário e livre, que não se importa nem um pouco com a opinião que têm sobre ele. Age de forma caprichosa, com atitudes absurdas que quebram os paradigmas.*

Sagitário - *É divertido, mas violento no seu desejo de ação. Não sabe medir as consequências dos seus factos, algo que muitos consideram loucura. Não é estranho vê-los totalmente desenfreados, atravessando o terreno da irresponsabilidade.*

Balança - Desejam *a felicidade e a harmonia, e para a alcançar estão dispostos a fazer qualquer loucura. São instáveis, o que os leva a quebrar os seus compromissos, algo que muitos consideram loucura.*

Virgem - *Vão a extremos e tornam-se obsessivos. Têm uma visão do que querem escrita em pedra, ninguém lhes pode dar conselhos, não se deixam guiar. Quando não ouvem, cometem várias loucuras.*

Touro: *Quando uma ideia lhes vem à cabeça, não há quem a afaste, chegando mesmo a cometer loucuras para corroborar a sua hipótese. Tente testar a sua paciência e descobrirá até onde vai o seu nível de loucura.*

Capricórnio *- Não esquece absolutamente nada, não perdoa e muito menos esquece, se fizer algo de errado, não se preocupe porque ele vai lembrá-lo durante toda a vida para o deixar completamente louco. Capricórnio é insanamente obsessivo em relação ao controlo.*

A psicologia por detrás da lotaria.

Os jogos de lotaria são muito populares em todo o mundo.

Todos nós temos o sonho impossível de ganhar a lotaria, uma vez que a ilusão de sermos milionários, por um golpe de sorte, mesmo que as probabilidades sejam mínimas, é a principal razão pela qual as pessoas jogam.

Os jogadores têm a perceção de que o custo do bilhete de lotaria, em relação aos lucros que obteriam se ganhassem, é minúsculo. Sempre percebemos o risco emocionalmente e, se ele nos causa prazer, tendemos a ver o risco como insignificante e neutralizamos a emoção do perigo, concentrando-nos apenas nos benefícios.

Os jogadores veem a lotaria como uma oportunidade única de serem recompensados investindo pouco dinheiro e com pouca exposição ao risco.

Os jogos têm aspetos tradicionais e supersticiosos. Algumas pessoas jogam sempre os mesmos números porque são os seus preferidos, porque os relacionam com uma data importante ou porque os sonharam.

Outros jogam a uma hora, dia ou local específicos. Quando pensamos que estamos no controlo, sentimo-nos confiantes, porque quando somos nós a escolher os números, em vez de jogarmos ao acaso, embora as probabilidades de acertar sejam as mesmas, temos a impressão de que estamos a controlar o destino e que as probabilidades estão a nosso favor.

Há pessoas que jogam apenas por diversão, nestes casos a lotaria transcende o custo económico, tornando-se um divertimento que é animado quando conjeturam tudo o que podem fazer com o dinheiro que iriam adquirir.

Existem cinco descrições psicológicas de jogadores individuais de lotaria:

O aventureiro que é enfeitiçado por jogos que envolvem grandes somas de dinheiro, especulando com números aleatórios e também com números planeados.

O concorrente, que insiste em exibir-se através do jogo que aposta para ganhar.

O ganancioso, que não tem limites para o jogo e não tem medo de correr riscos quando aposta.

O tático, que nunca joga com risco, procura tácitas, estratégias e conjuntos numéricos quando joga com os números.

A *pessoa supersticiosa*, *que joga sempre as mesmas combinações de números, utiliza talismãs, rituais ou compra os seus bilhetes numa data e local específicos.*

Existe algum truque ou fórmula para ganhar a lotaria?

Essa pergunta ainda não tem resposta. Há muitos que especulam e afirmam que é mais provável ser atingido por um raio do que ganhar a lotaria. Outros, porém, estudam as probabilidades com grande perseverança e subtileza.

Jogar na lotaria, ou em qualquer outro jogo de azar, se for feito com medida, é uma forma barata de comprar ilusões e confiança no futuro. A complicação surge quando a pessoa não controla os seus impulsos para jogar, gerando um vício no jogo e caindo no jogo compulsivo.

Um toxicodependente do jogo é um indivíduo a quem o jogo causa grandes dificuldades no trabalho e nas suas relações familiares, uma vez que as perdas o induzem a jogar maiores quantias com o objetivo de recuperar o dinheiro perdido. Isto torna-se um círculo vicioso, e a única forma de o resolver é através de tratamento psicoterapêutico.

As melhores prendas para os signos do zodíaco.

Dar presentes é uma forma universal de mostrar que gostamos e apreciamos alguém, mas pode ser um desafio e, para alguns, uma verdadeira dor de cabeça.

Os planetas podem ajudá-lo mais uma vez, sabendo o signo do zodíaco da pessoa, pode ser capaz de fazer o presente ideal.

Signos de fogo: Áries, Leão e Sagitário *gostam de presentes que os façam sentir importantes, relacionados com desporto, viagens e tecnologia.*

Uma máquina fotográfica digital profissional, o último modelo de IPhone, um bilhete de avião com hotel incluído para um local turístico exótico ou com história, livros de negócios, roupa desportiva ou equipamento de exercício, bilhetes de lotaria, garrafas de bom vinho e sapatos de marca exclusiva agradarão muito a estes signos.

Touro, Virgem e Capricórnio, *que pertencem ao elemento terra, são por vezes tradicionais, mas isso não significa que não gostem de prendas de marcas reconhecidas.*

Um quadro de um pintor famoso, um cinto ou uma pasta para transportar os seus documentos de trabalho, uma carteira com as suas iniciais, perfumes de marca, massagens ou tratamentos corporais, um animal de estimação, roupões de banho, pijamas aconchegantes ou até difusores de aromaterapia fá-los-ão felizes.

Signos de ar: Gémeos, Balança e Aquário *não são materialistas, e a funcionalidade de um presente é muito mais importante do que o preço. A sua imaginação é abundante, e tudo o que estimule esta capacidade agrada-lhes.*

Um telemóvel, um computador ou um iPad, livros sobre crescimento pessoal, espiritualidade, filosofia e terapias alternativas, cursos de autoajuda e de capacitação económica, um telescópio, bilhetes para a ópera ou para o teatro, um animal que não tenha de estar enjaulado, quartzo, óleos essenciais, incenso e colónias pós-banho serão muito apreciados por estes signos.

Caranguejo, Escorpião e Peixes, *os signos de água, vão adorar presentes personalizados. Utensílios de cozinha, um jantar romântico na praia ao luar, uma massagem relaxante num spa, lingerie ousada, chinelos ou um sofá confortável para ver televisão, uma garrafa de champanhe, velas perfumadas, amuletos, livros de astrologia, um conjunto de cartas* *de tarot, loções, perfumes e acessórios de beleza, vinho, bolachas, conservas e toda a variedade de produtos gourmet fazem parte da lista de presentes que estes signos aceitarão com grande prazer.*

Dar presentes é uma bênção, é um gesto de generosidade; dar presentes é um ato simbólico que representa um elogio, uma atenção a alguém que queremos agradar e simboliza o afeto que professamos.

Quando damos presentes, as relações são melhoradas e reforçadas e gera-se alegria.

Os signos do zodíaco e os seus medos.

Os doze signos do zodíaco simbolizam doze arquétipos essenciais da personalidade humana, mas ao mesmo tempo são protótipos psicológicos, razão pela qual cada um dos signos do zodíaco tem um medo muito específico e pessoal.

Lembremo-nos de que o medo é um mecanismo essencial de alarme e defesa do ser humano. Só se torna um problema quando é excessivo.

*Os medos são inseguranças e, por vezes, projetamo-los com ações opostas, como é o caso do signo **Áries**; reconhecido pela sua vontade férrea, nada nem ninguém o paralisa. Adoram controlar tudo e o seu medo mais enraizado é o de falhar ou pedir ajuda, porque para eles isso é sinónimo de fraqueza.*

***Touro** é o mais teimoso dos signos de terra. A mudança aterroriza-os, assim como a falta de dinheiro, passam a vida a poupar porque a pobreza assusta-os.*

***Gémeos**, o comunicador do zodíaco, um pouco ansioso e inseguro, tenta chamar a atenção porque tem medo de parecer aborrecido. Legítimos filhos da Lua, os cancros adoram a sua zona de segurança* *porque aí ninguém lhes pode fazer mal, têm pavor da solidão e da rejeição.*

Leão*, o rei do zodíaco, líder e corajoso, não nasceu para perder. O seu medo mais enraizado é o de passar despercebido, preferem que lhes falem mal, mas não que os ignorem.*

*O mestre da arrumação, **Virgem,** torna-se por vezes compulsivo em relação à saúde, pelo que é hipocondríaco. O seu principal medo é ficar doente, mas a desorganização assusta-os mais do que qualquer outra coisa.*

Os librianos, *excecionalmente inteligentes, são indecisos e é aí que reside o seu principal medo: tomar decisões. Outro dos seus medos é a solidão.*

*Os enigmáticos e sedutores **Escorpiões** têm uma memória de elefante, temem a traição e se fizer algo que não lhes agrade, escondem-no de si para sempre. Nunca guarde um segredo de um Escorpião.*

*O aventureiro do zodíaco, **Sagitário tem** pavor de compromissos porque as exigências são aterradoras.*

São muito divertidos, mas por detrás desse sorriso esconde-se o medo de serem enganados.

*Exigentes ao extremo, **os capricornianos** nunca se afastam dos seus objetivos; o seu principal medo é cometer erros, especialmente a nível profissional. São abnegados e temem não alcançar os seus sonhos.*

*Os rebeldes e utópicos **aquarianos** temem perder a sua liberdade, o que significaria perder a sua própria essência. Têm sempre muitas amizades, mas nenhuma delas os prende. Precisam do grupo, mas não querem que o grupo precise deles.*

*A paz é sinónimo de **Peixes**, detestam confrontos. Compassivos até ao âmago, têm medo de ver os outros sofrer. São um pouco inseguros, têm medo do palco e receiam a rejeição.*

Alguns livros antigos de astrologia consideram Saturno totalmente responsável pelo medo num mapa natal, mas eu penso que para que o medo se origine, a aliança de vários planetas com as suas energias correspondentes deve manifestar-se.

Ou seja, os medos são representados por vários planetas ligados por aspe-tos, não existindo um planeta específico que esteja necessariamente relacionado com o desenvolvimento de qualquer tipo de medo.

Lua em Áries

A Lua num signo de fogo está relacionada com a ação. O fogo é intenso e preocupa-se com a expressão da identidade individual.

Se a sua Lua está no signo de Áries, pode ter tendências para reagir sem distinção e sem direção específica. Esta Lua precisa de agir sem restrições, mas tem de aprender a reconhecer os seus limites pessoais, a aceitar a responsabilidade pelos seus factos e a ter autocontrolo.

As pessoas com a Lua em Áries sentem-se seguras quando podem exprimir livremente as suas emoções. E sentem-se restringidas ou ameaçadas quando encontram obstáculos ou desafios que as limitam ou restringem e não lhes permitem exprimir-se livremente.

A coisa mais importante para uma pessoa com a Lua em Áries é ser livre de agir impulsivamente e sem restrições. É claro que isso nem sempre é possível. As pessoas com a Lua em Áries devem esforçar-se por não afetar os outros. Têm de aprender a ter autocontrolo e autodisciplina.

Os signos de fogo tendem a sentir-se alegres ou irritados ao extremo. Quando estão felizes ou quando estão zangados, toda a gente sabe disso. Mas não são rancorosos, exprimem o que sentem e ponto final.

A importância do signo ascendente

O signo solar tem um grande impacto em quem somos, mas o ascendente é o que realmente nos define, e pode até ser a razão pela qual não se identifica com alguns traços do seu signo do zodíaco.

Realmente a energia que o teu signo solar te dá faz com que te sintas diferente do resto das pessoas, por isso, quando lês o teu horóscopo por vezes sentes-te identificado e dá sentido a algumas previsões, e isso acontece porque te ajuda a perceber como te podes sentir e o que te vai acontecer, mas só te mostra uma percentagem do que realmente pode ser.

O ascendente, por outro lado, difere do signo solar porque reflete quem somos superficialmente, ou seja, como os outros nos veem ou a energia que transmitimos às pessoas, e isto é tão real que pode acontecer que conheçamos alguém e, se predissermos o seu signo, possamos ter descoberto o seu signo ascendente e não o seu signo solar.

 Em resumo, as características que vemos numa pessoa quando a conhecemos é o Ascendente, mas como as nossas vidas são afetadas pela forma como nos relacionamos com os outros, o Ascendente tem um grande impacto na nossa vida quotidiana.

É um pouco complexo explicar como se calcula ou determina o signo ascendente, porque não é a posição *de um planeta que o determina, mas o signo que estava a nascer no horizonte oriental na altura do seu nascimento, ao contrário do seu signo solar, que depende da hora exata em que nasceu.*

Graças à tecnologia e ao Universo atualmente é mais fácil do que nunca saber esta informação, claro que se souber a sua hora de nascimento, ou se tiver uma ideia da hora, mas não tiver uma margem de mais de horas, porque há muitos sites que fazem o cálculo introduzindo os dados, o astro.com é um deles, mas há infinitos.

Desta forma, quando ler o seu horóscopo pode ler também o seu ascendente e saber detalhes mais personalizados, vai ver que a partir de agora se fizer isto a sua forma de ler o horóscopo vai mudar e vai saber porque é que aquele Sagitário é tão modesto e pessimista se na realidade é tão exagerado e otimista, e isto talvez seja porque tem um ascendente Capricórnio, ou porque aquele colega Escorpião está sempre a falar de tudo, sem dúvida que tem um ascendente Gémeos.

Vou sintetizar as características dos diferentes Ascendentes, mas isso também é muito geral, uma vez que essas características são modificadas por planetas em conjunção com o Ascendente, planetas que impactam o Ascendente e a posição do planeta regente do signo no Ascendente.

Por exemplo, uma pessoa com um Ascendente em Sagitário e com o seu planeta regente, Júpiter, em Áries, reagirá ao ambiente de forma um pouco diferente de outra pessoa, também com um Ascendente em Sagitário, mas com Júpiter em Escorpião.

Do mesmo modo, uma pessoa com ascendente em Peixes que tenha Saturno em conjunção com ele "comportar-se-á" de forma diferente de alguém com ascendente em Peixes que não tenha esse aspeto.

Todos estes fatores modificam o Ascendente, a astrologia é muito complexa e os horóscopos não se leem nem se fazem com cartas de tarot, porque a astrologia não é apenas uma arte, mas também uma ciência.

Pode ser comum confundir estas duas práticas e isso deve-se ao facto de, apesar de serem dois conceitos totalmente diferentes, terem alguns pontos em comum. Um desses pontos em comum baseia-se na sua origem, e é o facto de ambos os procedimentos serem conhecidos desde a antiguidade.

São também semelhantes nos símbolos que utilizam, uma vez que ambos apresentam símbolos ambíguos que precisam de ser interpretados, exigindo uma leitura e formação especializadas para saber interpretar esses símbolos.

Existem milhares de diferenças, mas uma das principais é que, enquanto no tarô os símbolos são perfeitamente compreensíveis à primeira vista, sendo cartas figurativas, embora seja necessário saber interpretá-las bem, na astrologia observamos um sistema abstrato que é necessário saber previamente para interpretá-las, e é claro que deve ser dito que, embora possamos reconhecer as cartas de tarô, qualquer pessoa não pode interpretá-las corretamente.

A interpretação é também uma diferença entre as duas disciplinas, porque enquanto o tarot não tem uma referência temporal exata, uma vez que as cartas são colocadas no tempo apenas graças às perguntas feitas na tiragem correspondente, a astrologia refere-se a uma posição específica dos planetas na história, e os sistemas de interpretação utilizados por ambas são diametralmente opostos.

O mapa astral é a base da astrologia e o aspeto mais importante para fazer a previsão. O mapa astrológico deve ser perfeitamente elaborado para que a leitura seja bem-sucedida e para que se saiba mais sobre a pessoa.

Para elaborar um mapa astral, é necessário conhecer todos os dados sobre o nascimento da pessoa em questão.

Deve ser conhecida com exatidão, desde a hora exata da entrega até ao local onde foi entregue.

A posição dos planetas no momento do nascimento revelará ao astrólogo os pontos necessários para a elaboração do mapa astral.

A astrologia não consiste apenas em conhecer o seu futuro, mas também em conhecer os pontos importantes da sua existência, tanto no presente como no passado, a fim de tomar melhores decisões para decidir o seu futuro.

A astrologia ajudá-lo-á a conhecer-se melhor, para que possa mudar as coisas que o bloqueiam ou melhorar as suas qualidades.

E se o mapa astral é a base da astrologia, a leitura do tarô é fundamental nesta última disciplina. Tal como quem lhe faz o mapa astrológico, o vidente que lhe faz a tiragem do tarot, será a chave do sucesso da sua leitura, pelo que o melhor é pedir recomendações de leitores de tarot, e embora certamente não possa responder especificamente a todas as perguntas que se coloca na sua vida, uma leitura correta da tiragem do tarot, e das cartas que saem no rolo, ajudará a orientá-lo sobre as decisões que toma na sua vida.

Em suma, a astrologia e o tarot utilizam o simbolismo, mas a questão principal é a forma como todo este simbolismo é interpretado.

verdadeiramente uma pessoa que domine as duas técnicas será, sem dúvida, uma grande ajuda para as pessoas que lhe pedirem conselhos.

Muitos astrólogos combinam ambas as disciplinas, e a prática regular ensinou-me que ambas fluem normalmente muito bem, proporcionando uma componente enriquecedora em todas as questões de previsão, mas não são a mesma coisa e não se pode fazer um horóscopo com cartas de tarot, nem se pode fazer uma leitura de tarot com um mapa astral.

Ascendente em Áries

Ter o Ascendente em Áries implica que o Descendente esteja no signo de Balança.

As pessoas com o signo Áries no Ascendente são espontâneas e honestas. Encaram a vida de uma forma enérgica e direta.

Este Ascendente tende a ser impulsivo quando se trata de ação, e não pode esperar que as coisas aconteçam. São muito enérgicos, autoconfiantes e são pioneiros em tudo o que fazem.

Se estas pessoas querem ser melhores, têm de aprender a controlar o seu ímpeto e a encarar as coisas com mais calma.

A impaciência do Ascendente em Áries pode causar-lhe problemas nas relações pessoais, uma vez que muitas pessoas se ressentirão da falta de interesse pelos seus planos e ideias.

As pessoas com Áries no Ascendente são normalmente autossuficientes, enérgicas e muito instintivas. Estão sempre dispostas a pôr em prática novas ideias e planos.

Áries - Ascendente Áries

Todas as qualidades acima descritas são aqui reforçadas.

Têm uma personalidade forte e entusiástica. No local de trabalho, destacam-se sempre, especialmente nos trabalhos que exigem esforço físico.

No amor, são muito emotivos e podem tornar-se extremamente ciumentos.

Os Áries com Ascendente em Áries terão falta de paciência e agirão de forma irrefletida. Um dos seus principais problemas é o facto de iniciarem muitos projetos, mas não conseguirem concentrar-se em terminar nenhum deles.

Touro - Ascendente Áries

As pessoas com o signo do zodíaco em Touro e o Ascendente em Áries são pessoas determinadas e combativas. A união destes signos é uma ótima combinação, unindo a teimosia de Touro com a iniciativa de Áries.

Para estas pessoas é mais fácil terminar tudo o que começam, porque Touro traz a paciência e a prudência que faltam a Áries.

No trabalho, são pessoas com uma grande disposição com o objetivo de obter uma vida tranquila.

Do ponto de vista relacional, gostam de dar e receber de igual forma, sentem-se atraídos pela estabilidade, pelo que procurarão sempre parceiros a longo prazo. No entanto, podem ser indivíduos muito ciumentos e possessivos, necessitando de muita atenção nas suas relações.

Gémeos - Ascendente Áries

Os gémeos com ascendente em Áries têm a sorte de ver reforçadas as suas qualidades inatas de gémeos, desenvolvendo uma grande facilidade de comunicação e de relacionamento.

São indivíduos comunicativos e muito intelectuais. No domínio do trabalho, este facto é muito útil, uma vez que são capazes de se fazer entender, de propor planos e de chegar a um entendimento mútuo com os outros.

Nas suas relações, são pessoas muito emotivas, o que pode levá-las a ter problemas em estabelecer relações duradouras. No entanto, o lado positivo é que, normalmente, têm relações sem complicações.

Se o lado Áries se manifestar demasiado, estas pessoas podem cometer catos imprudentes, falar sem pensar ou falar demasiado, o que lhes pode causar problemas.

Caranguejo - Ascendente Áries

Os cancerianos com Ascendente em Áries são pessoas que se esforçam pela sua família, e que são capazes de a defender com todas as suas forças.

Aqui a ambição caseira de Câncer encontra a força de Áries, resultando em ideais tenazes do que eles consideram família.

O que mais interessa a estas pessoas é poderem desfrutar da sua casa com as pessoas de quem gostam. No entanto, a rudeza de Áries torna-os menos emotivos do que um canceriano normalmente seria. No entanto, são pessoas muito afetuosas que, graças ao ímpeto de Áries, têm também um forte poder de decisão quando se trata de enfrentar desafios.

No domínio do trabalho, são pessoas que precisam de estabilidade e têm tendência para criar empresas que incluam a família.

Na área sentimental, a natureza do signo de Câncer faz deles pessoas que se apegam e se emocionam facilmente.

O aspeto negativo desta combinação reside nas suas emoções, uma vez que são condicionadas por elas e, por vezes, têm dificuldade em encontrar uma solução adequada para os problemas por medo de os enfrentar.

Leão - Ascendente Áries

Leão com ascendente Áries tem uma grande coragem e o impulso para agir com essa coragem.

São pessoas naturalmente encantadoras, adoram viajar e viver experiências de todo o género. Experiências que lhes dão sabedoria para enfrentar e resolver os muitos desafios que possam surgir.

São pessoas com personalidades muito marcantes e fortes, e normalmente destacam-se pelo seu sentido de humor. São capazes de fazer sorrir até a pessoa mais séria.

Estas pessoas não têm qualquer problema em agir como líderes e isso reflete-se na sua área de trabalho.

No entanto, têm uma desvantagem para atingir os seus objetivos devido à sua paciência e tolerância. Se controlarem estas atitudes, podem facilmente alcançar o sucesso.

No amor, destacam-se pela sua capacidade de sedução; gostam de conquistar e são amantes apaixonados.

Por vezes, são pessoas que se deixam levar pela sua atitude autoritária e procuram sempre a atenção, mesmo que tenham de fazer um drama, tudo com o objetivo de atingir os seus objetivos.

Virgem - Ascendente Áries

Os virginianos com ascendente Áries são normalmente pessoas muito enérgicas.

Têm a capacidade de melhorar a qualidade da sua própria vida, bem como a vida dos outros.

Na área do trabalho, enfrentam desafios e enfrentam-nos com dinamismo. Destacam-se pelo seu perfeccionismo na resolução de problemas, o que faz destas pessoas as características certas para contar como colegas de trabalho.

No amor, são pessoas com muito mais coragem do que os outros tipos de virginianos, chegando mesmo a ultrapassar os seus medos e a lançar-se sem hesitação.

No entanto, são pessoas que mantêm elevados níveis de exigência em todas as suas relações e isso reflete-se nas críticas que não hesitarão em fazer se houver algo que as desagrade.

Algumas pessoas com esta combinação têm tendência para se sobrecarregarem excessivamente com tarefas de que poderiam ser dispensadas se não fossem tão perfeccionistas no trabalho.

Balança - Ascendente Áries

Balança com Ascendente em Áries, centra o seu objetivo em encontrar uma união amorosa que satisfaça todas as suas necessidades. São pessoas que se sentem satisfeitas na companhia dos outros.

Do ponto de vista do trabalho, são pessoas com uma grande disposição e muito bons colegas.

No amor, são pessoas acessíveis e sem problemas. Embora isso não os torne submissos, pois falam com sinceridade e expressam a sua opinião quando algo não está a correr bem.

Quando a balança está desequilibrada, surge a indecisão típica do signo de Balança, que se transforma em catos irrefletidos que prejudicam as suas relações.

Escorpião - Ascendente Áries

O Escorpião com Ascendente Áries tem uma personalidade enérgica e qualidades de liderança. São pessoas com grande energia física.

A sua personalidade torna-os difíceis de convencer. Acham que têm sempre razão e, normalmente, acabam por convencer os outros da sua opinião porque têm argumentos muito claros.

Na área do trabalho, para além de poderosos, são pessoas muito teimosas, o que os torna bons trabalhadores.

Nas suas relações amorosas são intensos e fogosos, e vivem tudo com grande intensidade.

Podem ser muito agressivos, autoritários e não têm medo de correr riscos.

Sagitário - Ascendente Áries

Os sagitarianos com Ascendente em Áries destacam-se como pessoas que procuram uma grande variedade de experiências. São indivíduos com grande vitalidade e espírito competitivo.

São muito idealistas, o que se reflete na área de trabalho. A eficácia desta atitude reside no facto de o otimismo os levar a concretizar essas ideias e a vê-las materializadas.

No amor, são pessoas imprevisíveis, mas toda a gente gosta delas. São indivíduos que veem o sexo como um elemento importante nas suas relações e, quando estão apaixonados, são fiéis ao seu parceiro.

Capricórnio - Ascendente Áries

O Capricórnio com Ascendente Áries é uma pessoa que tem muita dificuldade em desistir dos seus objetivos.

São pessoas que, se forem disciplinadas, podem concluir todos os projetos e objetivos com facilidade. No entanto, têm de controlar a sua impaciência, imprudência e falta de constância.

Normalmente, na área de trabalho, são muito metódicos, planificando tudo e aplicando-o na perfeição, como também costumam ser muito bons trabalhadores. Devido a esta atitude, podem estabelecer-se em posições de autoridade.

No amor, são um pouco estranhos. Nunca se sabe o que estão a pensar e, mesmo que tenham sentimentos fortes por outras pessoas, mantêm-se discretos enquanto tentam conquistá-las.

Alguns caracterizam-se por uma falta de disciplina, bem como por uma frieza a nível emocional nas suas relações, o que pode conduzir à solidão.

Aquário - Ascendente Áries

As qualidades de Aquário, a sua criatividade e inovação, são reforçadas pela iniciativa de Áries.

A nível profissional, destacam-se pela sua originalidade, resolvendo problemas a partir de abordagens que não ocorreriam a outras pessoas.

São práticos e muito cativos, destacando-se pela sua capacidade de liderança. No entanto, sendo tão criativos, detestam ser limitados, pois a coação da sua liberdade pode empobrecer o seu espírito e conduzir a resultados desastrosos.

De um ponto de vista relacional, são bons amigos, respeitam o espaço pessoal dos outros e são muito sociáveis.

Não têm medo de dizer o que sentem, embora possam ser idealistas. Por vezes, podem aborrecer-se com as suas relações e procurarão novos amores para conquistar.

Por vezes, ficam facilmente stressados e não sabem aceitar opiniões diferentes das suas, tornando-se irritantes quando alguém tem uma opinião contrária.

Peixes - Ascendente Áries

As pessoas com signo solar em Peixes e ascendente em Áries são pessoas calmas, mas com muita energia. Possuem a coragem e a ousadia de comunicar e de sair do seu mundo contemplativo. São muito mais comunicativas do que a média das pessoas de Peixes.

Isto não significa que sejam pessoas que queiram ter momentos de solidão e isolar-se de vez em quando para desfrutar da sua paz interior.

Na área do trabalho, trabalham melhor sozinhos e são indivíduos que se dedicam ardentemente ao seu trabalho.

Do ponto de vista sentimental, procuram o amor ideal, semelhante a um conto de fadas. Estas pessoas são encantadoras e muito educadas.

Por vezes, são pessoas que tendem a criar vícios e maus hábitos. Além disso, podem sofrer uma luta mental constante consigo próprias, ficando confusas e sem saber onde se concentrar.

119

Bibliografia

Algumas informações foram extraídas dos livros publicados pelos autores: Amor para todos os corações, Dinheiro para todos os bolsos e Horóscopo 2022 e 2024.

Artigos escritos no Nevo Herald por um dos redatores.

Sobre os autores

Para além dos seus conhecimentos astrológicos, Alina A. Rubi tem uma formação profissional abundante; tem certificações em Psicologia, Hipnose, Erik, Cura Bioenergética com Cristais, Cura Angélica, Interpretação de Sonhos e é Instrutora Espiritual. Rubi tem conhecimentos de Gemologia, que utiliza para programar pedras ou minerais e transformá-los em poderosos Amuletos ou Talismãs de proteção.

Rubi tem um carácter prático e orientado para os resultados, o que lhe permitiu ter uma visão especial e integradora de vários mundos, facilitando soluções para problemas específicos. Alina escreve os Horóscopos Mensais para o site da Associação Americana de Astrólogos, que podem ser lidos em www.astrologers.com. Atualmente, escreve uma coluna semanal no jornal El Nevo Herald sobre temas espirituais, publicada todas as segundas-feiras em formato digital e impresso. Também tem um programa e o Horóscopo semanal no canal de YouTube deste jornal. O seu Anuário Astrológico é publicado todos os anos no jornal "Diario las Américas", com a coluna Rubi Astrologa.

Rubi escreveu vários artigos sobre astrologia para a publicação mensal "Today's Astrologer", deu aulas de Astrologia, Tarot, Leitura da Palma da Mão, Cura pelos Cristais e Esoterismo. Ela tem vídeos semanais sobre tópicos esotéricos no seu canal do YouTube: Rubi Astrologa. Teve o seu próprio programa de Astrologia transmitido diariamente pela Flamingo T.V., foi entrevistada por vários programas de televisão e rádio, e todos os anos publica o seu "Anuário Astrológico" com o horóscopo signo a signo, e outros tópicos místicos interessantes.

É autora dos livros "Arroz e Feijão para a Alma" Parte I, II e III, uma compilação de artigos esotéricos, publicados em inglês, espanhol, francês, italiano e português. "Dinheiro para Todos os Bolsos", "Amor para Todos os Corações", "Saúde para Todos os Corpos", Anuário Astrológico 2021, Horóscopo 2022, Rituais e Feitiços para o Sucesso em 2022, Feitiços e Segredos, Aulas de Astrologia, Rituais e Encantos 2024 e Horóscopo Chinês 2024 estão disponíveis em cinco línguas: inglês, italiano, francês, Japonês e Alemão.

Rubi fala inglês e espanhol na perfeição, combinando todos os seus talentos e conhecimentos nas suas leituras. Atualmente reside em Miami, Florida.

*Para mais informações, pode visitar **o sítio Web** www.esoterismomagia.com*

Alina A. Rubi é filha de Alina Rubi. Atualmente, estuda psicologia na Florida International University.

Desde criança que se interessa por todos os assuntos metafísicos e esotéricos, e pratica astrologia e Cabala desde os quatro anos de idade. Tem conhecimentos de Tarot, Reiki e Gemologia. Além de autora, é também editora, juntamente com a sua irmã Angeline A. Rubi, de todos os livros publicados por ela e pela sua mãe.

*Para mais informações, contactar por correio eletrónico: **rubiediciones29@gmail.com***